国有企业混合所有制改革、股权制衡与资本配置效率

蒋煦涵 著

中国财经出版传媒集团
中国财政经济出版社

图书在版编目（CIP）数据

国有企业混合所有制改革、股权制衡与资本配置效率/蒋煦涵著. —— 北京：中国财政经济出版社，2023.3

ISBN 978-7-5223-1925-4

Ⅰ.①国… Ⅱ.①蒋… Ⅲ.①国有企业－混合所有制－企业改革－研究－中国 ②国有企业－股权管理－研究－中国 ③国有企业－资本经营－研究－中国 Ⅳ.①F279.241

中国国家版本馆 CIP 数据核字（2023）第 014919 号

责任编辑：李　静　　　　　　责任校对：张　凡
责任印制：张　健

国有企业混合所有制改革、股权制衡与资本配置效率
GUOYOU QIYE HUNHE SUOYOUZHI GAIGE、GUQUAN ZHIHENG YU
ZIBEN PEIZHI XIAOLV

中国财政经济出版社 出版

URL：http://www.cfeph.cn

E-mail：cfeph@cfeph.cn

（版权所有　翻印必究）

社址：北京市海淀区阜成路甲 28 号　邮政编码：100142

营销中心电话：010-88191522

天猫网店：中国财政经济出版社旗舰店

网址：https://zgczjjcbs.tmall.com

北京富生印刷厂印刷　各地新华书店经销

成品尺寸：170mm×240mm　16 开　10.25 印张　172 000 字

2023 年 3 月第 1 版　2023 年 3 月北京第 1 次印刷

定价：58.00 元

ISBN 978-7-5223-1925-4

（图书出现印装问题，本社负责调换，电话：010-88190548）

本社质量投诉电话：010-88190744

打击盗版举报热线：010-88191661　QQ：2242791300

内容摘要

国有企业是中国特色社会主义经济发展的重要力量,伴随着改革开放40余年的发展历程,国有企业改革也不断向纵深推进,逐步实现与市场经济的有效结合。现如今,我国经济体制改革已然进入深水区,公有制经济和非公有制经济在促进经济发展和解决就业问题等方面都发挥着重要作用。在这种情况下,党的十八届三中全会提出,要积极发展"混合所有制经济",着眼于不同所有制经济的优势互补,实现国有企业的机制创新和国有资本的保值增值。

中国国有企业改革的主题是实现国有经济和市场经济的融合,而"政企不分""一股独大"等传统经济体制的弊端是改革过程中最需要解决的问题。因此,新一轮的国有企业改革强调"以公有制为主体,多种所有制经济共同发展",大力推行国有企业的混合所有制改革,鼓励电力、民航、电信和军工等国有垄断行业放开对非国有资本的限制,积极引入非国有股东参与企业的经营管理。一方面,能优化股权结构,建立健全现代企业制度,完善国有企业的法人治理结构;另一方面,能充分利用非国有资本灵活的市场机制以盘活国有资本,实现各种资本的取长补短、相互促进、共同发展,使国有企业更具有活力和竞争力。

新形势下的混合所有制改革也提出了国有资产管理的新理念,即从经营企业到经营资本,以放大国有企业功能、实现国有资产的保值增值为主要目标。那么,随着混合所有制改革的不断推进,国有企业的资本配置效率能得到提高吗?其作用机理又是什么?为了解决这一科学问题,不少学者从国有持股比例、民营参股比例、股权多样性、混合股权制衡性等角度分析了国有企业经过混改后股权结构的变动以及对企业绩效和财务行为的影响。他们认为,混合所有制改革能够优化股权结构,提高企业绩效和投资效率。然而,鲜有文献具体研究混合所有制改革影响资本配置效率的作用路径,本书探讨了我国国有企业混合所有制改革与资本配置效率的关系以及股权制衡在两者关系中的作用机制。具体而言,本书的创新点主要体现在以下几个方面:第一,拓展了资本配置效率领域的研究。现有文献虽然从多个层面研究了影响资本配置效率的因素,如企业财务状况、公司治理以及外部环境等，但鲜有文献从混合股权制衡的角度来研究混合所有制改革与资本配置效率之间的关系。本书以异质股权制衡为切入点，探讨了我国国有企业混合股权多样性对资本配置效率的影响及其作用机理，为研究混合所有制改革提供新的思路，丰富了混合所有制企业公司治理和资本配置效率的相关文献。第二，基于我国特有的资本市场环境，国有企业普遍存在"一股独大""所有者缺位"等问题，而解决这一系列问题也是我国积极推行混合所有制改革的主要目的。本书基于混合所有制企业的特殊性，从股东异质性和非国有股东差异性两个角度研究了混合股权制衡度与资本配置效率之间的关系，并进一步探讨市场化程度、内部控制水平、经济政策不确定性、政策变革等因素对两者关系的影响，为我国推行混合所有制改革提供理论依据。第三，根据国有企业所从事的行业市场化程度及对国家安全、国计民生所承担的作用，本书将国有企业分为"充分竞争类""重要行业和关键领域类""公益类"三类。"充分竞争类"国有企业以追求利润最大化为首要目标，对其进行混改应尽量符合市场规律；"重要行业和关键领域类"国有企业在确保其社会责任良好履行的前提下，再追求经济目标；"公益类"国有企业被赋予了强制性的社会公共目标，以维持社会的和谐稳定为第一要务，缺乏对经济利益的需求。现有的文献着重分析了混合所有制改革在"商业类"和"公益类"国有企业中实施成果的差异。本书主要以"商业类"国有企业为研究对象，具体分析在"充分竞争类"和"重要行业和关键领域类"国有企业中，混合所有制改革对资本配置效率的影响，为检验国有企业分类改革和治理效果提供了一定的理论和数据支持。

本书以国有企业混合所有制改革为研究对象，首先，在相关文献回顾的基础上，理论分析了混合所有制改革对资本配置效率产生影响的作用机制，分析这一作用过程中涉及的影响因素和约束条件，并以此为基础构建混合所有制改革、股权制衡与资本配置效率之间关系的理论原型；其次，嵌入我国特殊的经济体制和法律环境，进而得到基于中国特色社会主义市场经济的混合所有制改革、股权制衡与资本配置效率之间关系的检验模型；最后，根据上述理论原型和检验模型，选取2003年到2018年我国国有A股上市公司作为研究对象，以产权理论、股权制衡理论与委托代理理论为基础，以股权制衡为切入点，从混合股权多样性与混合股权制衡度两个角度研究了国有企业混合所有制改革对资本配置效率的影响。在此基础上加入国有企业分类改革，进一步分析了在不同类型的国有企业中，混合所有制改革对资本配置效率的影响及其作用差异。通过研究得到以下几点主要结论：

第一，关于混合股权多样性、股权制衡与资本配置效率。国有企业通过混合所有制改革引入各种类型的非国有资本，充分发挥各种资本的优势，完善国企治理结构，优化监督机制，且随着不同性质股东种类的增加，对过度投资的抑制作用更强，从而提高资本配置效率，但对投资不足没有显著的影响。国有企业股权多元化增加了制衡股东的异质性，在增强制衡股东监管积极性的同时降低股东之间合谋的可能性，使制衡股东能更好地抑制企业的过度投资行为，因此，异质股权制衡对混合股权多样性与资本配置效率之间的关系起正向中介作用。进一步地，混合股权多样性与异质股权制衡对过度投资的影响只在控制权为国有的时候有效，当企业控制权发生转移之后，其影响就不再显著了。企业所处地区的市场化程度也会影响混合股权多样性、异质股权制衡与过度投资之间的关系。较高的市场化程度能够加强异质股权制衡对混合股权多样性与过度投资之间关系的中介作用。政策变更能够加强混合股权多样性对过度投资的抑制作用。

第二，混合股权制衡度与资本配置效率。随着混合股权制衡度的增加，使非国有股东的利益与国有企业捆绑得更加紧密，同时，也使非国有股东拥有更强的监督能力，使他们更有动机和能力去监督国有企业的过度投资行为，提高资本配置效率。进一步地，市场化程度能促进混合股权制衡度对过度投资的抑制作用。提高企业的内部控制水平能在一定程度上缓解国有企业信息不对称和委托代理问题，提高非国有股东的制衡效率，更好地抑制过度投资。经济政策不确定性的提高，会增加投资的风险以及对投资决策可行性判断的难度，削弱混合股权制衡度对过度投资的抑制作用。非国有股东按照性质的不同可以分为民营股东、外资股东、机构投资者股东以及自然人股东，在这几种非国有股东中，民营股东对过度投资的制衡作用较为显著。政策变更能够加强混合股权制衡度对过度投资的抑制作用。混合股权制衡度对投资不足的影响不显著。

第三，混合所有制分类改革与资本配置效率。在"充分竞争类"国有企业中，混合股权制衡度的提高能抑制企业的过度投资行为，提高资本的配置效率，而在"重要行业类"国有企业中，混合股权制衡度对过度投资的影响不显著。因为较之"重要行业类"国有企业，"充分竞争类"国有企业承担的社会责任更少，受到的政治干预更少，同时对非国有资本的开放程度也更高，这使非国有股东能更好地行使其管理和监督的职能，提高监管的效率。进一步地，在"充分竞争类"国有企业中，市场化程度会对混合股权制衡度与过度投资之间的关系起正向调节作用；内部控制水平会对混合股权制衡度与过度投资之间的关系起正向调节作用；经济政策不确定性会对混合股权制衡度与过度投资之间的关系起负向调节作用；民营股东对过度投资的制衡作用较为显著。政策变更能够加强混合股权制衡度对过度投资的抑制作用。混合股权制衡度对投资不足的影响不显著。

本书的研究结果表明，国有企业引入非国有资本参与企业的经营和管理活动，能够抑制企业的过度投资行为，进而提高资本配置效率。关于如何协调国有资本与非国有资本的关系，才能优化股权结构，实现资本的最优配置，本书从以下几个方面提出建议：

第一，建立合理的多元股权结构和制衡机制。积极引入各种非国有资本，充分吸收各种资本的长处，结合不同性质股东的经验和智慧，查漏补缺，互相促进，互相制衡。让非国有股东成为第二大股东，形成异质股权制衡的股权结构，加强对大股东的监管力度。同时，为了避免"搭便车"现象的发生，需要适当地提高非国有股东的持股比例，既能提高他们参与公司治理活动的积极性，又能加强他们的监管能力。在不同类别的非国有股东中，民营股东有更强的意愿参与国有企业的经营管理活动，因此，国有企业进行混改时可以更多地考虑引入民营资本参股。此外，当大股东控制权变更为非国有后，异质股权之间的平衡被打破，企业应当结合自身情况适当地调整股权结构，而不是盲目地追求多元化。

第二，分类推进国有企业的混合所有制改革。本书按照功能将"商业类"国有企业分为"充分竞争类"和"重要行业类"两类。对于"充分竞争类"国有企业的混改，可以根据需要积极地引入非国有资本，通过交叉持股、共同上市等方式，将国有资产进一步资本化，增强国有资本的流动性，提高资本的配置效率。对非国有资本不设限制，国有资本宜控则控，宜参则参，使国有企业能够遵循商业化的运作模式，做到市场化管理、契约化管理，增强国有经济活力，放大国有企业功能，实现国有资本的保值增值；对于"重要行业类"国有企业的混改，需要在充分发挥特定的国家功能的同时，兼顾企业的自身发展和效率的提升，因此需要对非国有持股进行限制，确保国有资本的控股地位。可以从业务特征和股权设置两个角度进行改革：其一，对国有功能进行细分，对特殊业务和竞争性业务实行有效分离，独立运作，独立核算，即将竞争性业务更多地对非国有资本放开，促进公共资源配置的市场化，局部实现资本的最优配置。其二，根据约瑟夫·斯蒂格利茨的政府干预理论，为了降低政府干预失灵对"重要行业类"国有企业的资本配置效率的负面影响，应该适当降低国有企业的垄断程度，将政府职能分散于不同国有企业，形成国有企业之间的适度竞争。同时，引入民营、外资、机构投资者等非国有资本，建立和优化股权制衡机制，提高资本配置效率。其三，构建双层股权结构来放大国有持股的控制权，在确保国有资本对企业控制权的同时，降低对非国有资本的限制，调动非国有股东的积极性，优化公司治理机制，有效抑制企业的过度投资行为。

更进一步地，"重要行业类"国有企业根据其所承担的社会责任和国家功能的不同还可以分为以下六类：其一，重要基础设施行业。这类国有企业涉及我国经济社会发展的基础，《关于国有企业发展混合所有制经济的意见》（以下简称《意见》）明确提出国有资本需要保证其控股地位，鼓励非国有资本通过特许经营、项目外包等方式参与具有一定收益的业务和经营环节，同时要建立健全政府和非国有资本的合作机制。其二，重要自然资源行业。这类国有企业涉及对国家战略性资源的保护，同样要求确保国有资本的控股地位，非国有资本依法参与。国有企业通过出让部分开采或使用权限的方式邀请非国有资本参与资源开采或相关基础设施建设。其三，重要传输网络行业，主要是指涉及江河主干渠道、电网、石油天然气主干管网等基础建设的行业。根据这类国有企业的行业特点实施网运分开，主辅分离，即网络的铺设具有自然垄断性，国有资本需绝对控股，但运营可以形成市场竞争，鼓励非国有资本参与相关项目的投资建设。其四，重要技术、数据和战略物资行业，如核电、气象数据收集等。这类国有企业在国家经济发展中占有主导地位，国有资本需要确保绝对控股。其五，国防军工类特殊产业。对涉及国家战略安全和核心机密的军工国有企业实施独资或绝对控股，其他类型按照重要性等级逐步放宽市场准入。其六，其他重要行业，主要包括提供公共服务、环境保护、高新技术等行业。除了少数影响国有经济发展的行业，其他行业根据资本运作的需求，尽量放宽限制，实现市场化运作，充分发挥国有资本的引领和带动作用。

第三，完善公司内部治理机制和监管机制。国有企业应当积极推行混合所有制改革，建立各种资本相互制衡、共同管理的多元股权结构，充分调动国有股东和非国有股东的主观能动性，提高运行效率。同时，建立健全公司的内部控制系统，完善相关的信息披露，不仅能对企业的资金管理、投资决策等行为进行管理和监督，还能及时发现企业存在的内部缺陷，做到早披露早修正。根据国有企业的实际情况，结合多种资本共同经营的治理结构，努力制定一套更加契合国有企业混改的内部控制制度，完善混合所有制经济制度建设，优化国有资本的配置效率，实现国有资本的保值增值。

第四，改善外部法制环境。尽管我国证券市场还处于发展阶段，需要政府根据实际情况进行调整，但经济政策频繁变动也可能提高企业的投资风险和变更成本，增加非国有股东对投资决策的监管难度。因此，有关部门决定出台经济政策的时候需要更加谨慎，优先考虑到政策变更可能带来的不利影响，再确定是否施行。建立健全相关法律法规，改善外部法制环境，能提高证券市场的信息透明度，降低投资风险以及对投资决策进行科学判断的难度，也使非国有股东能更好地监督大股东的过度投资行为，提高资本配置效率。

目 录

第1章 导 论 ··· 1
1.1 研究背景与意义 ··· 1
1.2 研究目标与内容 ··· 3
1.3 研究思路与方法 ··· 5
1.4 研究创新 ··· 7

第2章 文献综述 ··· 8
2.1 混合所有制改革的相关研究 ··· 8
2.2 股权制衡的相关研究 ··· 11
2.3 资本配置效率的相关研究 ··· 15
2.4 文献评述 ··· 18

第3章 混合所有制改革、股权制衡与资本配置效率的理论概述 ··· 20
3.1 相关概念界定 ··· 20
3.2 混合所有制改革的演进历程 ··· 25
3.3 混合所有制改革、股权制衡与资本配置效率的理论基础 ··· 28

第4章 混合所有制改革、股权制衡与资本配置效率的机理分析 ··· 33
4.1 混合所有制改革、股权制衡与资本配置效率之间的关系 ··· 33
4.2 混合所有制改革、股权制衡对资本配置效率的路径分析 ··· 36
4.3 本章小结 ··· 39

第5章 混合所有制改革、股权制衡与资本配置效率的实证检验 ··· 40
5.1 理论分析与假设提出 ··· 40
5.2 研究设计 ··· 43
5.3 实证分析 ··· 47
5.4 本章小结 ··· 70

第6章 混合股权制衡度与资本配置效率的实证检验 ··· 72
6.1 理论分析与假设提出 ··· 72

6.2　研究设计 …………………………………………………… 75
　　6.3　实证分析 …………………………………………………… 76
　　6.4　本章小结 …………………………………………………… 100

第7章　混合所有制分类改革与资本配置效率的实证检验 …………… 102
　　7.1　理论分析与假设提出 ……………………………………… 102
　　7.2　研究设计 …………………………………………………… 105
　　7.3　实证分析 …………………………………………………… 107
　　7.4　本章小结 …………………………………………………… 132

第8章　研究结论与展望 ………………………………………………… 134
　　8.1　研究结论与政策建议 ……………………………………… 134
　　8.2　研究局限与展望 …………………………………………… 140

参考文献 ………………………………………………………………… 142
后　记 …………………………………………………………………… 153

第1章 导　论

1.1　研究背景与意义

1.1.1　研究背景

我国经济体制改革已然进入深水区，党的十八届三中全会提出要积极发展"混合所有制经济"。一方面，大力推进国有企业对非国有资本的开放，对电力、石油、民航、电信和军工等国有垄断行业进行混合所有制改革（简称"混改"，后文中与全称共同使用），强调解决国有企业面临的突出问题，如大型国有企业垄断市场、国有企业"一股独大""所有者缺位"及资本运营效率低下等。另一方面，鼓励民营企业吸收国有资本，有助于缓解中小企业融资难，渠道少的问题。新一轮的混合所有制改革也体现了对国有资产管理思路和管理理念的转变，即从经营企业到经营资本，充分地利用民营资本灵活的市场机制以盘活国有资本，提高国有资本的配置效率，使国有企业更具有活力和竞争力。

广义上的混合所有制改革不仅指国有企业的混改还包括民营企业的混改，无论是哪种形式的混改都面临一个难题，即第二类委托代理问题。国有企业中的非国有资本，需要担心其是否能够真正获得话语权，若非国有资本不能很好地行使其管理权和监督权，则国有企业的混改将毫无意义。再者，国有资本所背负的政策性负担与非国有资本追求利益最大化的目标存在不可避免的矛盾。同时，国有资本由于其特殊性，风险偏好较低，使能达到入股标准的民营企业相对较少，而民营企业在引入国有资本的同时，也会担心国有资本喧宾夺主，过度干预企业的经营管理。本书主要研究的是国有企业的混改，还需要进一步考虑各类资本混合程度、国有企业分类等因素对其的影响，结合国有企业的实际情况厘清改革的目标和思路，才能更好地协调各方的利益。可以看出，国有资本和非国有资本之间的博弈是混合所有制企业所面临的核心问题，如何做到各种所有制资本取长补短，相互促进，共同发展，夯实社会主义经济制度是我们的研究方向。

从股权制衡的角度来看国有资本和非国有资本之间的博弈，也即是，研究国有股东和非国有股东之间的制衡关系，能更好地厘清国有企业混改思路，优化股权结构。股权制衡是指公司由几个大股东共同控制，实现内部牵制，使任何一个大股东和管理者都无法独立控制公司决策，达到互相监督和抑制掠夺的效果。股权制衡理论指出多个大股东的制衡在减少经理的私人收益的同时，还有助于保护小股东的利益（Gomes & Novaes，2005）。帕格诺和罗尔（Pagano & Roell，1998）认为，最理想的股东持股结构应该是分散的，以此来避免被单个或部分大股东所控制。国有企业由于所有者缺位和多层代理问题，导致国有股东缺乏对企业经营的关注和对管理人员的监督。兰秀文和张玲（2017）认为，股权制衡度能够提高其他股东参与和监督公司经营管理活动的能力。由此可以看出，股权制衡能够有效地缓解企业的委托代理问题，对我国推行混合所有制改革提供参考。

资本配置效率是包括企业投资、融资、现金流、股利分配等财务活动的综合效率，能在一定程度上反映混合所有制改革对企业的结构优化作用。资本配置效率高低取决于能否将资本投入使其效益最大化的用途当中去。卫兴华（2008）认为，研究资本配置效率对我国产业转型和增长方式转型有重要指导作用。发展混合所有制经济有利于国有资本放大功能、保值增值、提高竞争力。已有的文献更多的是从企业绩效、创新和职工福利等角度来研究混合所有制改革的效果，而鲜有研究资本配置效率的，而从股权制衡角度来研究混合所有制企业资本配置效率的更是稀少。因此，本书拟以我国国有企业为主要研究对象，分析混合所有制改革、股权制衡与资本配置效率之间的关系以及行业不同、混改程度不同对这种关系的影响，旨在为我国推行混合所有制改革提供一个经验证据。

1.1.2 研究意义

自改革开放以来，国有企业改革一直是我国经济体制改革的重点，而混合所有制改革则是国有企业改革的重中之重。本书以中国 A 股国有上市公司为研究对象，结合产权理论、股权制衡理论和委托代理理论，系统地探讨混合所有制改革、股权制衡对资本配置效率的影响，具有理论和实践上的双重意义。

（1）理论意义。随着全球经济的发展和相关法律制度的完善，学术界对公司治理的研究重点从股权分散型的股权结构转向了股权集中型的股权结构。学者们也不仅仅关注代理人与大股东之间的代理问题，针对中小股东利益保护、大股东掏空行为等问题的研究也逐渐增多，于是股权制衡理论应运而生。本书研究国有企业的混合股权结构对企业资本配置效率的影响，并从股权制衡的角度来分析其作用机理，结合产权理论、股权制衡理论和委托代理理论等基础理论进行阐述，加强研究结果的可靠性，为学术理论界研究混合所有制改革提供新的视角，即国有混合所有制企业应当如何构建股权结构，才能更好地发挥非国有股东的制衡效果，提高企业的资本配置效率。这一研究为国有企业混合所有制改革提供强有力的理论支撑，为混合所有制如何优化股权结构和完善治理体系提供参考，从理论上提出提高企业资本配置效率的手段和措施。更进一步地，国有企业根据不同功能定位和企业特点，其发展方向和目标存在很大差异，通过研究不同类型国有企业的混合股权结构对资本配置效率的影响，能为我国推行混合所有制改革提出更有针对性的意见。

（2）现实意义。我国经济体制改革进入深水区，随着国有企业改革的不断深入，混合所有制改革也受到更多的关注。党的十八届三中全会审议通过的《中共中央关于全面深化改革若干重大问题的决定》（以下简称《决定》）提出，要积极发展混合所有制经济，旨在放大国有资本功能的同时促进多种所有制经济共同发展。调整企业股权结构，多种资本混合参股是现代企业改制的一种手段和方法，其主要目的是完善企业的内部治理机制，从而提高资本的配置效率。因此，本书首先通过对相关文献资料的整理，以国有企业混合所有制改革为研究重心，探究国有企业怎样进行股权混合的问题。是否引入更多种类的非国有股东能够提高企业资本配置效率？与国有股东相比，是否非国有股东能更好地发挥制衡作用？国有企业进行混合所有制改革意味着混合股权制衡程度越高越好吗？所有类型的国有企业都适合混改吗？这一系列问题的解答都极具现实意义，能为我国推行混合所有制改革提供有力支持，为国有企业如何优化股权结构提供参考。

1.2 研究目标与内容

1.2.1 研究目标

混合所有制改革是近年来学术界和实务界重点关注的领域，本书从股权制衡的角度，探究国有企业混合股权结构对企业资本配置效率的影响机理以及在不同行业类型的企业中的影响差异，可以开拓混合所有制改革与资本配置效率这一研究领域，为在混合所有制企业这一特殊背景下的股权制衡影响微观财务行为的研究提供新的视角和经验证据。本书的研究目标主要有以下三个：

第一，以异质股权制衡为研究视角，构建国有企业混合所有制改革影响资本配置效率的理论框架，揭示混合所有制企业股权结构变动对资本配置效率的作用机理和影响路径。

第二，在理论分析混合所有制企业股权结构对资本配置效率的影响的基础上,进一步检验混合股权制衡度与资本配置效率的关系,再根据国有企业类型的不同分别验证混合股权制衡度对资本配置效率的影响以及影响的差异。

第三,在上述理论分析与实证检验的基础上,结合中国当前的国有企业混合所有制改革现状和制度环境,为相关部门的政策制定与执行提供参考。

1.2.2 研究内容

本书以中国A股国有上市公司为研究对象,检验了混合所有制改革、股权制衡对资本配置效率的影响。具体研究内容主要有以下四个方面:

首先,通过对国内外涉及混合所有制改革、股权制衡以及资本配置效率的相关文献进行阅读和梳理,归纳和总结出有关混合所有制改革、股权制衡的衡量及其经济后果、资本配置效率的衡量方法和影响因素并加以文献评述,从而了解混合所有制改革、股权制衡与资本配置效率这一主题的研究背景、研究视角以及当前的研究进展,进而能够从整体上掌握混合所有制改革、股权制衡和资本配置效率的含义、度量方法以及作用机制。

其次,理论分析以及实证检验混合所有制改革、股权制衡对资本配置效率的影响。现有文献从企业特征、公司治理以及外部环境等角度研究了资本配置效率的影响因素,然而鲜有文献关注混合所有制改革对资本配置效率的影响及其作用路径。如前所述,股权制衡作为一种企业内部治理机制,其主要作用便是减少因委托代理问题而产生的不必要的成本,能对企业的经营决策产生影响。那么,股权制衡是否影响资本配置效率呢,怎样的制衡结构更能发挥制衡作用呢,影响的方向和程度如何,影响的原因和机理又是什么?基于上述问题,本书从股权制衡的角度,研究国有企业如何通过调整混合股权结构来提高资本配置效率,分析非国有股东的制衡效果,有助于我们更深刻地理解混合所有制改革影响资本配置效率的作用机理。

再次,混合所有制分类改革强调,根据国有企业行业类型的不同,其混改的要求和目的是不同的。再者,混合所有制改革的核心问题就是国有资本与非国有资本之间的博弈,那么混合所有制主体的不同也会对企业产生重要影响。因此,本书以混合所有制改革为视角,根据国有企业行业分类不同、各种资本混合方式不同进行分组,分别验证混合所有制改革、股权制衡与资本配置效率之间关系及各组之间的差异。进一步分析差异产生的原因,为混合所有制改革提供更有针对性的意见。

最后,汇总本书研究结论,结合当前我国国有企业混合所有制改革的实际情况以及推行混合所有制改革所期望达到的目标，根据不同行业、不同类型国有企业的特点和功能，提出符合我国经济、制度环境且更有针对性的意见和建议。

1.3 研究思路与方法

1.3.1 研究思路

本书的理论研究部分拟使用归纳、演绎和总结的理论分析方法，然后在此基础上采用数据分析、模型检验等实证方法进行研究，全面系统地检验混合所有制改革、股权制衡对资本配置效率的影响。具体的研究技术路线如图1-1所示。

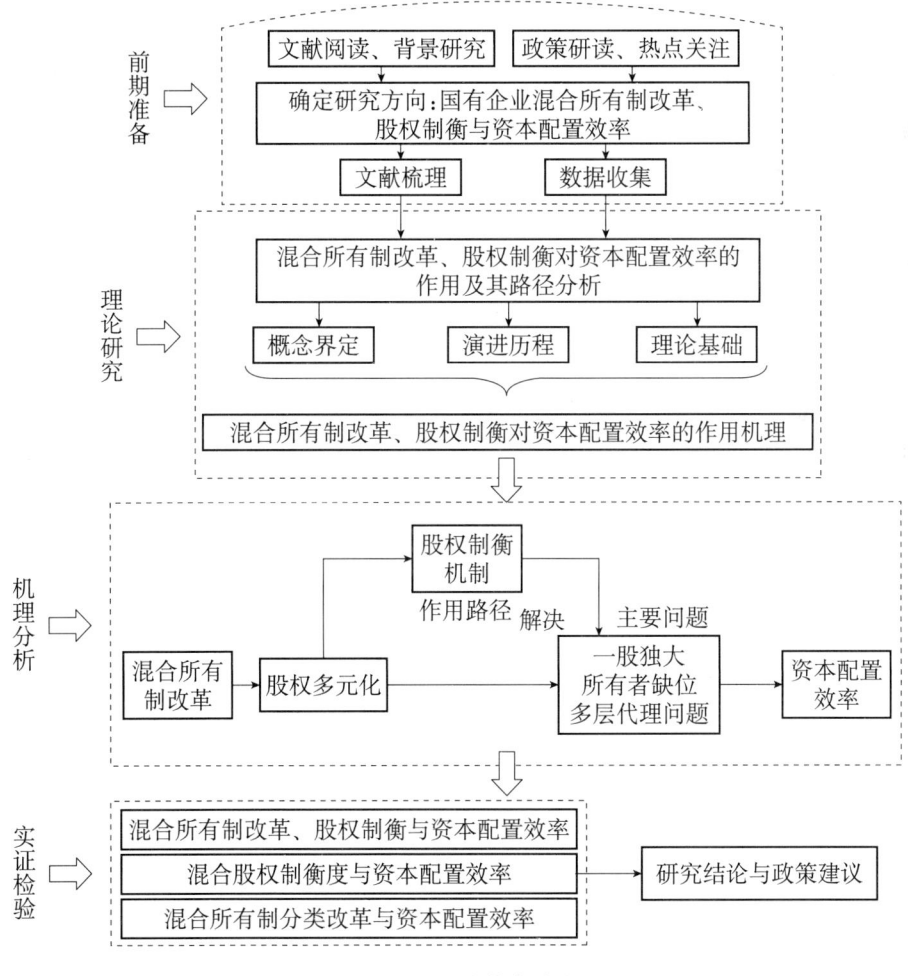

图1-1 研究技术路线

具体研究思路是：首先，在文献综述的基础上，对混合所有制改革、股权制衡影响资本配置效率的作用机理进行理论阐述，并分析这一作用的影响因素和约束条件，进而构建混合所有制改革、股权制衡与资本配置效率之间关系的理论原型；其次，将此原型嵌入我国的资本市场环境及制度背景，如国有企业混合所有制改革的推行情况，不同行业的竞争环境等，从而得出基于我国特殊经济环境和制度背景的混合所有制改革、股权制衡与资本配置效率之间关系的检验模型；最后，根据上述理论原型和检验模型，收集研究样本，建立数学检验模型，实证分析混合所有制改革、股权制衡与资本配置效率之间关系以及这种关系在不同类型国有企业中的变化和差异，得出具体的研究结论，并以此为依据提出政策建议。

1.3.2 研究方法

本书在进行理论分析和实证检验的过程中所采用的研究方法主要有以下几种：

（1）文献研究法。其为本书研究混合所有制改革、股权制衡与资本配置效率之间关系过程中的文献搜集、鉴别和整理提供了方法指导，为本书假设的提出、理论框架建立、研究工具设计提供了方法依据，从而更全面地了解本书研究项目的现有的国内外优秀成果和最新研究动态，进而发掘现有研究的不足、尚需解决的问题或完善的政策等，为本书研究目标和内容的提出奠定了基础。

（2）演绎推理法。其是依据反映事物客观规律的一般性原理，结合部分已有的结论推导出新推断的思维方法。本书采用假说演绎推理法，结合产权理论、股权制衡理论和委托代理理论分析混合所有制改革、股权制衡与资本配置效率之间的关系及作用机理，通过合理的逻辑推理和想象提出研究假设，然后运用数据分析检验假设成立与否。

（3）实证检验法。其是通过构建数据模型来对研究假设进行检验，在经过规范分析之后，提供支持或否定的判断。本书以我国国有上市公司的混合所有制改革为研究对象，借鉴已有的国内外优秀研究成果，对混合所有制改革、股权制衡与资本配置效率之间关系进行统计分析。此外，本书还采用了进一步分析，稳健性检验等方法，以确保研究结论的可靠性。

（4）定性分析法和定量分析法相结合。首先，本书对混合所有制改革、股权制衡能够影响资本配置效率以及股权制衡能对其关系进行影响进行定性分析；其次，对混合所有制改革和股权制衡相关的指标进行量化分析，以保证全书研究过程中的逻辑一致性。

1.4 研究创新

与国内外同类文献研究相比,本书的创新或者特色之处主要在于:

(1) 拓展了资本配置效率领域的研究。现有文献虽然从多个层面研究了影响资本配置效率的因素,如企业财务状况、公司治理以及外部环境等,但鲜有文献从混合股权制衡的角度来研究混合所有制改革与资本配置效率之间的关系。本书以异质股权制衡为切入点,探讨了我国国有企业混合股权多样性对资本配置效率的影响及其作用机理,为研究混合所有制改革提供新的思路,丰富了混合所有制企业公司治理和资本配置效率的相关文献。

(2) 拓展了股权制衡领域的研究。现有文献更多地从大股东之间的相互制衡和中小股东对大股东的制衡两个角度来研究股权制衡的作用,但结合混合所有制企业特殊股权结构进行分析的相对较少。本书从股东异质性和非国有股东类型两个角度研究了混合股权制衡度与资本配置效率之间的关系,并进一步探讨市场化程度、内部控制水平、经济政策不确定性、政策变革等因素对两者关系的影响,为我国推行混合所有制改革提供理论依据。

(3) 拓展了混合所有制分类改革领域的研究。现有的文献更多地集中在国有企业分类改革方式和分类治理的规范研究上,在实证研究方面则着重分析了"商业类"和"公益类"国有企业的差异。本书主要以"商业类"国有企业为研究对象,具体分析在"充分竞争类"和"重要行业和关键领域类"国有企业中,混合所有制改革对资本配置效率的影响及其差异,为检验国有企业分类改革和治理效果提供了一定的理论和数据支持。

第 2 章 文献综述

2.1 混合所有制改革的相关研究

混合所有制改革是近年来学术界和实务界重点关注的领域,已有文献从多个研究视角、运用不同的理论对混合所有制改革、混合所有制企业的公司治理及其经济后果进行了分析和实证检验,形成了较丰富的研究成果。结合本书的研究主题,分别从混合所有制改革、股权制衡以及资本配置效率等几个方面对国内外现有文献进行回顾和评述,在此基础上提出本书的研究目标和研究内容。

2.1.1 混合所有制改革的意义与背景研究

混合所有制改革是中国国有企业改革中较为核心的部分,且一直处于不断地摸索和创新过程之中。改革开放早期的股权联合、参股与中外合资企业就是中国最早的混合所有制经济,其主要目的就是提高国有企业效率以迎合高速发展的国民经济。王东京(2019)认为,花别人的钱办自己的事,有效果没效率,这是国有企业普遍存在的问题,人只有在花自己的钱办自己的事的时候才会既讲效果又讲效率。这是民营资本效率高于国有资本的原因,也是国有企业需要进行混改的原因。党的十八大指出,国有企业改革进入深水区,混合所有制改革同样进入了攻坚环节,国有企业混合所有制改革试点向更为重要的领域开放,如军工、能源等。杨瑞龙(2014)提出,在推进混合所有制改革的进程中必须考虑到国有企业所肩负的政策性负担,即"必须以混合经济为突破口,推进国有企业更深层次的改革",尤其需要推进竞争性或者垄断竞争性国有企业的产权多元化。杨(Yang,2015)通过分析往年的国有企业改革指出,在改革方向上,国有企业的业务领域应从一般领域转向国民经济的关键领域,从传统产业转向体现国家核心竞争力的战略性产业。

混合所有制改革的核心问题就是混合股权结构的配置问题。国有资本和非国有资本作为存在异质性的两个经济主体,在进行混合所有制改革的过程中必然会进行动态的经济行为博弈,且性质的差异也会导致行为的不同。在这一进程中,不同行为主体的进入次序、谈判能力及交易成本等都会影响利益分配的最终结果(Luo & Peng,1998)。有学者认为,在混合所有制企业中,国有资本应当占主导地位,因为国有持股比例的增加能提高企业创新水平(徐二明和张晗,2008)、企业绩效(Sun et al.,2002;刘媛媛等,2011)、实际税率(吴联生,2009),或者降低国有持股并不能提高企业绩效(Wang,2002);也有学者认为,引入更多的非国有资本更有利于国有企业发展,非国有持股与企业绩效显著正相关(刘小玄和李利英,2005);还有学者认为,国有股比例与公司绩效间呈倒"U"形关系(董梅生和洪功翔,2017)。由此可见,根据样本选取、外部环境以及控制变量的不同,对最优混合股权结构的配置问题的结论也存在很大的差异,但这也为本书更进一步地研究混合所有制改革提供了理论基础。

国有企业混合所有制改革不仅是我国当前政治经济体制改革的重大课题,更是新时期微观企业的财务研究的热点问题。卫兴华和何召鹏(2015)认为,发展混合所有制经济,做蛋糕比切蛋糕更重要,关键在于企业的股权结构。混合所有制改革实际上是股权结构的改革,实现国有企业的股权多元化,让国有企业和市场经济更好地融合,达到多种资本共同发展的目的。已有的文献主要研究了混合所有制改革对企业行为的影响以及混合所有制改革的经济后果。

2.1.2 混合所有制改革与企业绩效

科夫和穆雷尔(Djankov & Murrel,2002)通过对比分析世界各国企业绩效之后发现,国有企业效益普遍低于私有企业。范博宏等(Fan et al.,2007)认为,政府会让国有企业承担社会目标和个人利益的费用。施莱弗等(Shleifer et al.,1997)则认为,政府的干预会偏离国有企业的效率目标,并认为混改后的企业会有更高的效率。刘小玄(2000,2004)分别以1995年全国工业企业普查数据和2001年全国第二次基本单位普查数据为研究对象,从企业和产业两个层面实证检验了不同所有制企业之间的效率差异,结果表明国有企业的混改和完全民营化能够提高企业效率。吴万宗和宗大伟(2016)也认为,国有企业引入非国有资本会在一定程度上影响国有资本的运营效果,提高国有企业经营效率。张云等(2019)还发现在规模大、盈利能力强的企业中,股权多元化对企业生产效率的提升更显著。无论是国内还是国外,国有企业由于受到政策性负担、政府干预、社会责任等多方面因素的影响,导致了企业效率的低下,而混合所有制改革能在一定程度上缓解这一问题。

麦金森和奈特（Megginson & Netter，2001）实证研究结果表明，当国有企业被部分或全部民营化后，其盈利能力会得到较大程度的提高。孙倩和威尔逊·唐（Sun & Tong，2003）通过研究1994~1998年中国634家国有股权私有化的上市公司数据，发现国有股权私有化提高了公司的盈利能力，国有股权对公司业绩具有负面影响。宋立刚和姚洋（2005）的研究表明，混合所有制改革可以有效提高企业的利润率。胡一帆等（2006）的研究发现，国有企业进行产权改革后，公司销售收入得到显著提高并大幅降低了成本，使公司盈利能力和生产率得到了大幅提高。利润最大化从来都不是国有企业最主要的目标，一方面国有企业承担了部分政府职能如养老、医疗、环保以及基础设施建设等；另一方面国有企业缺乏有效的竞争和激励，这都导致了国有企业盈利能力弱于民营企业，而引入非国有资本可以加强市场对企业的调节作用，激发国有企业对盈利的积极性，从而提高企业的盈利能力。

不少学者的研究表明，民营企业的绩效是普遍高于国有企业的，那么混合所有制改革是否意味着引入越多的非国有资本效果越好呢？答案是否定的。田利辉（2005）研究发现国有持股比例与公司绩效之间呈现左高右低的非对称"U"形关系。张蕊和蒋煦涵（2018）则认为，国有持股比例与企业工业增加值间呈现倒"U"形关系。陈俊龙和汤吉军（2016）发现，国有股最优比例受到政府目标、竞争类型、国有资本及引进的非国有资本效率等多种因素影响，其中非国有资本效率及市场竞争环境是影响国有股最优比例的两个最重要因素。可以看出，国有股权与企业绩效之间不是简单的线性关系，新时期的混合所有制改革需要在不同行业、不同制度环境下探索企业的最优改革方式。

2.1.3 混合所有制改革与企业财务行为

混合所有制改革即是国有资本与非国有资本的混合。非国有资本参股必然引起治理结构变化，参与董事会决策，参与国资运作与监管，甚至直接干预国有企业运营。同时，非国有资本的经验智慧会融进国有企业，与国有企业传统固化的文化理念发生冲击，刺激国有企业内部管理人员的行为进而影响整个企业的行为。

国有企业行为通常比较制度化，而非国有资本的加入能使企业行为更具有活力。股权融合度的提升能提高企业现金持有水平（杨兴全和尹兴强，2018），股权结构的多元化能提高现金股利分配的强度（卢建词和姜广省，2018），因为非国有股东治理在提高企业分红的倾向和水平方面能发挥重要作用（洪正和袁齐，

2019）。由于国有企业享受着更多的政策优惠，在某些方面就不如民营企业敏感。与民营企业相比，国有企业受到的融资约束更小（罗党论和甄丽明，2008），能更容易地获得银行贷款，这使企业管理者有着明显的过度投资倾向（张栋，2008）。相较于国有资本，机构投资者更加专业，可以更准确地获取企业投资、营运及财务等方面的信息，从而作出更有利于企业的投资决策（林丽娜，2017）。缺乏资金压力的国有企业，在投资效率方面存在明显不足，而融资条件差的非国有资本，在其资金的运用上拥有更多的经验。那么通过引入非国有资本参与企业的经营活动无疑能更好地发挥国有企业的资本优势。

民营企业在盈利能力方面比国有企业更强，但国有企业亦存在着独特的优势，如资金充足、政策优势以及创新。解维敏等（2009）利用我国上市公司研发支出数据发现，国有企业在研发支出上高于民营企业。吴延兵（2006）运用中国大中型工业企业产业面板数据实证检验了熊彼特假说，认为国有产权对创新没有稳定的显著的影响，但政府资助对创新具有促进作用。李春涛和宋敏（2010）利用世界银行在中国 18 个城市 1483 家制造业企业调查数据的研究，认为无论从投入还是产出看，国有企业都更具有创新性。朱磊等（2019）也发现，股权多元化能够提高国有企业的创新能力，且混合股权多样性越高，创新水平越高。技术创新是典型的投入高、回款周期长的项目甚至是否能够盈利都犹未可知，这是民营企业和投资人所不喜的，确是国有企业有能力且必须做的事。而技术的研发是一回事，把新技术进行推广和运用到实践当中再转换成利益又是另一回事。那么国有资本和民营资本的融合，正好各取所需，各展所长，更好地发挥国有企业的创新能力。

2.2 股权制衡的相关研究

股权制衡作为一种股权结构特殊模式主要是通过股权的内部牵制，防止大股东独享企业控制权的发生。在股权制衡的股权结构中，无论是少数几个大股东基于自身利益相互制约、相互监督，还是中小股东联合起来共同制约大股东，都能有效地抑制大股东的掏空行为，降低"一股独大"带来的影响，又可以提高大股东与管理层合谋的难度，最终达到各方利益的均衡。"股权制衡理论"认为合理的股权制衡机制能够在保留股权相对集中的优势的同时，抑制大股东对企业的侵害行为，缓解大股东与中小股东之间的代理问题。

关于股权制衡能否改善公司治理情况，发挥治理作用，国内外学者进行了一系列研究，从研究结论来看，现有的研究主要分为三派观点，即股权制衡有效论、无效论以及权变论。

2.2.1 股权制衡有效论

帕格诺和罗尔（Pagano & Roel，1998）的研究表明，当公司存在除大股东以外拥有制衡能力的股东时，就能在一定程度上抑制大股东意图侵占公司资产的行动。同时他们认为，制衡股东的存在可能使第一大股东面临更加严厉的监督，与此同时，股东之间的相互监督也更强，进而有效地降低大股东掠夺行为的发生，减少私人利益的获取途径。本尼德森和沃尔芬松（Bennedesen & Wolfenzon，2000）也认为，股权制衡是抑制大股东掏空行为的重要机制，由于很多国家没有建立完善的法律体系来保护投资者的利益，因此通过建立大股东共享控制权的机制，可以避免企业被单个大股东完全控制的情况发生。同时，公司的经营活动经由几个大股东的共同决策和监督，企业现金流量的管理权也由各大股东共同持有，这样就能增加某一股东从中牟利的难度，进而促进公司制定更有效的经营决策，提高资本的配置效率。

支持股权制衡有效论的学者认为，多个大股东相互制衡在减少经理的私人收益的同时，还有助于保护小股东的利益（Gomes & Novaes，2005）。李增泉等（2004）发现，当公司存在制衡股东时，能在一定程度上约束第一大股东追求私利的行为，而良好的制衡机制还能降低外部股东的代理成本。兰秀文和张玲（2017）认为，股权制衡度能够提高其他股东参与和监督公司经营管理活动的能力。可以看出，多个大股东相互制衡的股权结构要比单个大股东更有助于缓解企业内部的代理问题，约束大股东的掏空行为，维护小股东的利益。基于此，股权制衡被认为是股权结构的一种均衡状态，能有效地发挥其治理作用（毛世平，2009）。构建股东多元化、股权互相制衡的公司治理机制能对改善我国上市公司目前的状况产生积极的作用。

股权制衡机制的作用主要体现在对企业绩效的影响。股权制衡与公司成长性正相关（陈德萍和陈永圣，2011），股权制衡能提高企业的经营业绩（孙菊生和李小俊，2006；叶勇等，2005；田利辉，2005），股权制衡对控制股东具有显著的监督和制衡作用，有利于提高公司价值（宋敏等，2004；朱武祥和宋勇，2001；王奇波和宋常，2006）。龚光明和曾照存（2014）也发现，无论是从外生性还是内生性的视角，股权制衡都对提升公司绩效有着非常显著的促进作用。良好的股权制衡机制能降低企业内部的代理成本，提高企业的效率，优化企业的经营管理行为，实现企业价值最大化。股权制衡不仅能提高企业绩效，还能促进企业的创新行为。文芳（2008）认为股权制衡度与企业研发投入正相关。朱德胜和周晓珮（2016）发现股权制衡度能提高企业的创新效率，且股权制衡与高管持股在影响企业创新效率方面具有替代作用。

制衡股东的不同性质也能对制衡效果产生影响，如股东异质性对制衡效果的影响。刘星和刘伟（2007）发现，控股股东与制衡股东为非同一性质时，制衡股东能发挥更好的制衡效果。涂国前和刘峰（2010）研究表明，民营控股股东会对存在国有制衡股东的公司实施掏空行为；相反，其不会对存在民营制衡的公司实施掏空行为，体现了民营制衡股东强有力的制衡作用。张双鹏等（2019）也发现异质性的股东参与企业决策有利于形成民主科学的决策机制，提高企业的风险控制能力。

又如机构投资者身份对股东制衡效果的影响。范海峰等（2009）研究发现，大股东持股比例与公司资本支出显著负相关，但机构投资者持股与公司资本支出正相关且这种影响在国有企业中更显著，即机构投资者能在一定程度上制衡大股东侵占公司资金的行为，保护中小投资者利益。机构投资者能有效发挥其制衡作用，提高公司治理水平，抑制操纵性盈余管理的发生（黄谦，2009；高雷和张杰，2008），提高企业会计盈余信息质量（夏冬林和李刚，2008），提高资本配置效率（宋玉和廖义刚，2010），提高企业效率（刘新民等，2016），而且在产品市场竞争激烈的环境中，机构投资者的制衡效果更强（申景奇和伊志宏，2010）。

再如外资股东身份对制衡效果的影响。马连福等（2015）以充分竞争类国有企业为研究对象发现，在法制环境较为完善的情况下，非国有企业股东能提高企业绩效，其中外资股东的制衡效应优于民营股东。陈志军等（2016）发现股权制衡能提高企业研发投入，且与控股股东无关联关系的制衡股东有更强的制衡作用，而当制衡股东类型为自然人、境内非国有法人和外资法人时，制衡效果也更加明显。

2.2.2 股权制衡无效论

支持此观点的学者认为，过高的股权制衡会降低企业绩效（徐莉萍等，2006；刘银国等，2010），因为股权制衡是为了达到一种利益相对统一的均衡状态，而过高的股权制衡度反而会加深股东之间的代理冲突，把过多的时间精力花费在企业内部博弈上，会严重影响企业的正常经营活动。拉波尔塔等（La Porta et al.，2002）证实，最终控股股东的现金流量权越大，企业绩效越好。而股权制衡机制会分散企业现金流量的控制权，反而降低了企业的效率。赵景文和于增彪（2005）发现，一股独大类公司的企业价值显著优于股权制衡类公司的企业价值。孙兆斌（2006）研究表明，股权制衡会导致企业效率的降低。蒲艳萍和刘婧（2011）以 2008 年沪深两市上市公司为研究样本，发现第一大股东持股比例和股权集中度能够对控股股东经营性关联交易规模产生影响，而股权制衡度与控股股东经营性关联交易之间没有显著的相关性。

关于股权制衡无效论，主要从三个角度进行分析：一是股权集中能提高企业绩效，因为控制力强的大股东不仅能更好地监督管理层的行为，还能提高决策的效率，因此股权制衡是无效的；二是股权制衡需要达到均衡状态，过高的股权制衡度反而会产生负面效果，因为企业控制权分散，会导致企业利益的不一致，增大股东之间的委托代理成本；三是股东之间除了互相制衡还能相互勾结，多个大股东有可能联合起来侵占中小股东的利益。

2.2.3　股权制衡权变论

支持此观点的学者认为，不能简单地得出结论说股权制衡有效或者无效，必须结合企业外部环境以及自身状况再进行分析。法西奥等（Faccio et al.，2001）的研究以公司红利水平来衡量大股东侵占行为，他们发现东亚企业的多个大股东通过合谋侵害小股东利益，而西欧企业的多个大股东则会形成互相制衡的局面。周方召等（2011）的研究发现，虽然股权制衡能抑制控股股东的侵占行为，但是法律保护和股权制衡之间存在替代关系，即在法律法规相对健全的地区，股权制衡对于控股股东侵占的限制作用会被削弱。研究发现，不同地区文化和法律法规以及制度环境的完善程度都会对股权制衡的效果产生重要影响。

朱红军和汪辉（2004）通过对宏智科技股份有限公司控制权之争案例的分析，证实股权制衡不能提高我国民营上市公司的治理效率。而刘运国和高亚男（2001）则发现股权制衡与企业价值之间存在三次非线性相关关系。股权制衡的治理效果还受到很多因素的影响。莫里和帕尤斯特（Maury & Pajuste，2005）使用芬兰上市公司为样本研究发现，存在多个大股东的上市公司具有较高的市场价值，而且这种正向关系在家族企业中更为明显。刘星和刘伟（2007）的研究发现：在第一、第二大股东为不同性质（国有、非国有）的公司中，股权制衡效果具有显著性，而在第一、第二大股东均为非国有性质的公司中，大股东更加倾向于达成共谋而非彼此监督。企业性质的差异和股东性质的差异都能影响股权制衡的治理效果。

郑国坚等（2013）发现面临财务困境时，大股东的掏空行为异常明显，此时法制监管的治理作用非常明显，而股权制衡和独立董事监督将不能奏效。颜爱民和马箭（2013）发现，股权制衡在企业成长阶段对企业绩效具有显著的负面影响，随后其负面影响逐渐减弱，在成熟阶段具有显著的正面影响，而在衰退阶段影响不显著。可以看出，像股权制衡这样的公司内部治理机制想要更好地发挥治理作用，不仅要考虑外部环境因素，还要结合企业自身的状况进行调整。

2.3 资本配置效率的相关研究

资本配置效率一直是现代公司财务研究的热点问题。企业的资本配置涉及财务活动的全过程，其中投资活动的效率是影响资本配置效率的重要因素。中国国有企业普遍存在过度投资和投资不足的情况，这会降低企业的资本配置效率，其不仅会影响到企业未来的经营业绩，还会导致股东及利益相关者的收益损失。关于如何提高资本配置效率，已有的文献主要从以下两个方面研究了资本配置效率的影响因素。

2.3.1 公司内部治理因素对资本配置效率的影响

资金是约束企业资本配置效率的关键因素，企业现金流量的充裕程度会直接影响企业高管的经营决策。高融资约束公司的投资水平更可能受到错误定价的影响（朱朝晖，2009）。预算软约束的存在将扭曲企业的微观行为，导致资本配置的低效率（林毅夫等，2004）。债务约束导致的流动性受限和本息偿还压力，可以激发企业高管高效地作出投资决策（钱雪松，2013）。陆正飞等（2006）发现，不同类型的负债对企业投资行为有不同影响，企业可以通过优化企业融资结构来提高投资效率。高质量的会计信息能降低企业资本市场融资的难度，提高企业资本配置效率（青原，2009；逯东等，2012），民营企业也能通过政治关联来缓解融资约束，减少企业投资不足（曹春方等，2014）。

效率低下是国有企业普遍存在的问题，方军雄（2007）认为整体上国有企业的资本配置效率显著弱于非国有企业。而政府官员寻租行为进一步恶化了国有企业资本配置的效率（Shleifer，1998）。也有学者认为适当的政府干预能起到积极作用。政府干预能减少企业高管的逐利行为，降低过度投资和投资不足的发生可能性，合理的政府干预有利于公司融资并促进效率型投资（Chen & Sun，2011；

潘越，2015）。

学者们还从其他角度研究了提高企业资本配置效率的方法。张祥建（2008）发现，企业高管流动性越低，管理层寻租更不容易发生，企业内部资本配置效率越高。熊家财和苏冬蔚（2014）认为股票流动性主要通过降低代理成本和提升股价信息含量等机制改善企业资本配置效率。苏坤（2015）认为，公司风险承担水平的提高有利于公司更好地把握投资机会，进而提高资本配置效率。投资决策是基于信息对项目未来成长性所作出的判断，但企业的盈余管理行为会导致信息的不可靠，误导管理层进行错误决策从而导致投资效率降低（Mcnichols & Stubben，2008）。而企业实施强制性的社会责任信息披露能提高股价信息含量、降低与投资者之间的信息不对称，进而提高资本配置效率。若企业财务报告质量较差，强制性社会责任信息披露对资本配置效率的作用更大（洪敏等，2019）。

良好的公司治理机制能在一定程度上降低企业内部沟通的阻碍，降低股东、管理层以及投资者之间信息不对称，减少内部沟通的时间和成本，提高资本配置效率。合理激励、公司治理与股权制衡是优化资本配置效率的有效途径（李云鹤，2011；Billett & Garfinkel，2011），改善公司治理机制能提升企业的资本配置效率（Scharfstein & Stein，2000；周中胜，2011），企业股东与管理层之间的相互制衡，能显著提升企业的资本配置效率（Pawlina & Renneboog，2005）。但李维安和姜涛（2007）的研究表明，股东行为治理、董事会治理、利益相关者治理对抑制过度投资积极有效，但监事会治理、管理层治理、信息披露机制的作用并不明显。

管理者的特征也能影响企业资本配置效率。王霞等（2008）发现，过度自信的情绪特征会加重管理者对资金的滥用，导致过度投资行为的发生，降低配置效率。张丽平和杨兴全（2012）的研究发现，管理层权力过大容易导致过度投资的发生。斯图尔兹（Stulz，1990）也发现管理层持股较高时，过度投资问题更严重。陈世明等（Chen et al.，2011）认为，政治关联能促使大股东强化对董事会的控制，并有效约束管理层可能存在的机会主义行为，降低代理成本，防止高管进行过度投资，提高公司资本配置效率。机构投资者有着较为专业的分析能力和丰富的投资经验，那么增加机构投资者持股比例能够提高资本配置效率（宋玉和廖义刚，2010）。

2.3.2 外部治理因素对资本配置效率的影响

地区的外部环境能对企业财务行为产生重大影响。资本的配置依赖于资本市场的有效性，从宏观层面上来看，阿尔梅达和沃尔芬松（Almeida & Wolfenzon，2005）认为，资本配置效率就是资本的流动性，金融自由化程度的提高可以改善资本在行业间和在企业间的配置效率。沃格勒（Wurgler，2000）以世界各国的行业数据为研究对象发现，各国之间的金融发展程度与资本配置效率显著正相关，并且信贷市场规模和股票市场规模也都与资本配置效率正相关。蒲艳萍和成肖（2014）也发现市场化程度和资本市场流动性能够提升行业资本配置效率。但也有不少学者对中国金融市场发展与资本配置效率之间的关系提出了相反的观点，韩立岩和蔡红艳（2002）使用中国 39 个工业行业数据进行研究发现，股票市场的规模、资本的流动性以及信贷市场规模都与资本配置效率呈现不同程度的负相关关系，即中国金融市场的发展反而降低了行业之间资本配置效率。潘文卿和张伟（2003）以中国各地区数据为样本进行研究发现中国金融发展与资本配置效率弱相关。可以看出，中国金融体系对资本配置的优化效果并不明显，其中可能有两方面的原因：一方面，尽管中国经济发展十分迅速，但中国的资本市场仍处于弱势有效市场，其发展程度还不能做到资本之间的完美转换；另一方面，由于中国的特殊经济体制，导致政府对于金融资本的高度控制，中国在发展市场经济的同时还有意识形态方面的考虑，在对资本进行配置时还要考虑政治上的因素，即资本对国有企业的倾向（Huang，2003）。

这一点从微观层面上来看也是一样的，企业发展对资本的依赖性很强，地方政府对金融资本配置有着很重要的影响。政府通过对自然资源、人力资源和金融资本的控制显著影响企业资源配置（Fan et al. ，2011）。地区的政府质量[①]与企业投资效率之间存在正相关关系，在民营企业（相对于国有企业）和地方国有企业（相对于中央国企）中，政府质量对企业资本配置效率的优化作用更显著（陈德球等，2012）。由于中国资本市场制度尚不完善，各地区之间的市场化程度也不同，资本的流动性和效率亦不相同，市场化程度的深入能改善资本配置效率（方军雄，2006），市场化还可能通过经理市场（要素市场）的形成与完善对企业资本配置产生影响（陈钊，2004）。投资者保护水平能降低融资成本（姜付秀等，2008），缓解资金压力进而提升企业的资本配置效率（于文超，2013）。

---

① 政府质量主要体现在法律的供给和秩序的维持、宏观经济的稳定、基础设施的有效提供以及公开公平的税收管理体制和规制管理的制度框架（Hellman et al. ，2000）。

2.4 文献评述

通过对混合所有制改革、股权制衡以及资本配置效率相关文献的综述，可以发现研究内容较广泛，研究成果丰富但对部分研究没有得到统一的意见。

关于混合所有制改革，已有的文献主要研究了混合所有制改革对企业绩效和企业行为的影响。一方面，从企业经营效率、盈利能力、投资效率和经营业绩等角度验证了混合所有制的改革成果，认为国有企业的股权多元化能够提升企业效率，增强企业绩效（刘小玄，2000；刘小玄，2004；胡一帆等，2006；吴万宗和宗大伟，2016）；同时，从现金持有、现金分红、投资倾向、创新与研发投入等角度验证了混合所有制改革对企业行为的影响，认为混合所有制改革能提高企业现金持有水平、现金分红水平、抑制过度投资、促进创新与研发投入（杨兴全和尹兴强，2018；洪正和袁齐，2019；林丽娜，2017；解维敏等，2009；李春涛和宋敏，2010）。另一方面，通过引入非国有资本还可以激发国有企业及其内部管理人员的活力，打破国有企业僵化的运行模式，也能把国有资本的资源分享给非国有资本，做到多种所有制共同发展。

关于股权制衡，已有的文献对股权制衡机制的作用的研究尚没有取得统一的意见，结论主要分为三派：即股权制衡有效论、股权制衡无效论、股权制衡权变论。有效论认为股权制衡能抑制大股东掏空行为、降低代理成本、提高企业绩效、增加公司价值以及促进企业创新等（Gomes & Novaes，2005；李增泉等，2004；毛世平，2009；陈德萍和陈永圣，2011；宋敏等，2004；文芳，2008）；无效论认为股权制衡并不能提高企业绩效，过高的制衡程度甚至会导致企业效率的降低（La Porta et al.，2002；徐莉萍等，2006；孙兆斌，2006）。而权变论则认为股权制衡机制能否发挥作用不仅要考虑外部环境因素如所处地区、文化、法律法规的完善程度等（Faccio et al.，2001；周方召等，2011），还要结合企业自身的情况如最终控制人性质、制衡股东性质、企业财务状况，生命周期等（朱红军和汪辉，2004；刘星和刘伟，2007；郑国坚等，2013；颜爱民和马箭，2013）。由于股权制衡除了需要把握股权结构的均衡以外，还会受到很多因素的影响，根据研究对象、研究样本的不同都可能产生不同的结果。因此，关于股权制衡如何发挥更好的作用，还有待进一步的研究。

关于资本配置效率，已有文献主要从企业特征、公司治理以及外部环境等角度对资本配置效率的影响因素进行了实证研究。发现从公司层面因素来看，最终控制人、管理层权力、政治干预、预算软约束、盈余质量、政策性负担、股票流动性、会计信息质量、企业规模等都会影响企业的资本配置效率；从公司治理因素来看，股权结构、董事会特征、董事会治理、管理层激励、管理层特征、机构持股和政治关联等能影响企业资本配置效率。从外部环境因素来看，投资者保护程度、金融市场自由化、金融发展、市场化程度、地方政府质量等能影响资本配置效率。

综上所述，关于混合所有制改革、股权制衡以及资本配置效率已有了较为丰富的研究成果，但是仍然存在一些悬而未决的问题，具体体现如下：

第一，现有文献从各个角度探讨混合所有制改革对企业绩效和财务行为的影响，其中也包含了对企业资本配置效率的影响，但鲜有文章研究其中的作用机理。这为本书研究提供了一定的空间，本书试图从股权制衡的研究角度，并结合混合所有制企业的特殊股权结构分析混合所有制改革对资本配置效率的作用机理，对相关文献进行补充和拓展。

第二，研究混合所有制改革的本质就是研究混合股权结构的问题。本书从混合股权多样性和国有持股比例两个角度研究混合股权结构对资本配置效率的影响，同时结合企业股权制衡情况来进行进一步分析。

第三，分层分类改革是混合所有制改革的核心思路之一。本书以此为切入点，按功能性将国有企业分为"充分竞争类""重要行业和关键领域类""公益类"三类，并对混合所有制改革、股权制衡与资本配置效率之间的关系进行分组分析，为我国推行混合所有制改革提供更细致的发展思路。

第3章 混合所有制改革、股权制衡与资本配置效率的理论概述

3.1 相关概念界定

本部分的主要内容是混合所有制改革的概念及其度量，股权制衡的概念及其度量，资本配置效率的概念及其度量。

3.1.1 混合所有制改革的概念及其度量

(1) 混合所有制改革的概念。党的十八届三中全会提出："积极发展混合所有制经济。国有资本、集体资本、非公有资本等交叉持股、相互融合的混合所有制经济，是基本经济制度的重要实现形式，有利于国有资本放大功能、保值增值、提高竞争力，有利于各种所有制资本取长补短、相互促进、共同发展。允许更多国有经济和其他所有制经济发展成为混合所有制经济。国有资本投资项目允许非国有资本参股。允许混合所有制经济实行企业员工持股，形成资本所有者和劳动者利益共同体。"

混合所有制改革本质上就是企业股权多元化，鼓励不同的产权主体互相持股、互相渗透、互相融合，而混合所有制企业是指同时含有国有股和非国有股的企业。也可以说，混合所有制企业就是以国有企业、民营企业、外资企业为代表的不同所有制企业共同建立的企业。国有资本拥有资金优势、政策优势、渠道优势等，而民间资本更加适应市场规则，手段灵活，有较强的盈利能力。国有企业通过混合所有制改革来引入非国有资本，增强了国有企业对利润目标的追求，提高了国有资本的积极性，从而提高国有企业的运营效率和资本配置效率。本书的混合所有制改革，主要是指国有企业通过引入非国有资本实现股权结构的多元化，强调的是混合股权结构的变动，并从不同股东类别多元化和非国有股东持股比例两个角度来衡量国有企业混合所有制改革的程度。

(2) 混合所有制改革的度量。已有文献对混合所有制改革的度量，根据研

究角度的不同主要分为两类：一是企业是否进行混改；二是混合所有制企业的股权结构特征。

以中国国有工业企业为研究对象时，数据来源主要为色诺芬 CCER 的中国工业企业数据库，参考陈林（2014）的处理，这里将有其他非国有资本（包括个人资本、法人资本、港澳台资本和外商资本）进入国有独资企业（为了方便计量，集体资本通常也算作国有资本）定义为国有企业进行了混合所有制改革。进行了混合所有制改革则 Reform 取值为 1，否则为 0。同时，根据各种资本不同的组合（国有+民营，国有+外资）进一步分析不同类型资本在混合所有制改革中起到的作用。

以中国国有上市公司为研究对象，按照国有上市公司中不同产权性质的股权数量及其占比来度量国有企业混改的不同方式及程度。通过收集和整理国有企业的定期报告、相关金融网站及 CSMAR 数据库中披露的前十大股东数据，确认国企前十大股东的性质与持股比例。关于国企异质股东的类别的界定，参考拉波尔塔等（La Porta et al.，2002）、马连福等（2015）的做法，将股东性质具体划分为如下几类：第一，国有股东，具体包括国家通过政府相关部门如国有资产管理局直接控制所形成的股东，或通过国家控制的实业公司和政府独资的投资管理公司所形成的股东；第二，自然人或家族，定义为我国境内的自然人或家族进行投资所形成的股东；第三，外资股东，依照相关法律在境外设立的法人企业（包括中国港澳台地区法人企业及国外法人企业）、外商投资企业或境外自然人持有的中国上市公司股票所形成的股东；第四，民营企业，我国境内属于非公有制法人（如非政府机构、事业单位及金融机构等）的民营企业进行投资形成的股东；第五，机构投资者，金融市场中从事证券投资的法人机构进行投资所形成的股东，具体包括 LOF、QFII、保险、基金及证券公司与金融机构等；第六，其他，除上述 5 类性质以外的其他股东，具体包括研究所、高校等事业单位、事务所、集合体及非营利性机构等。国有企业混改主要包括"量变"（异质股东的种类）与"质变"（异质股东的制衡及控制权转移）的不同改革方式，分别反映股权来源构成及股权制衡程度的差异。在明晰前十大股东种类的基础上，构建如下指标来衡量国有企业混改：（1）混合股权多样性（MIXN），参考马连福等（2015）的设计，定义为企业前十大股东所涉及的不同股权性质的种类，如果股东只涉及一种股权性质，MIXN 取值为 1，两种取值为 2，依此类推，有 6 种不同性质的股权则 MIXN 取值为 6；通常而言，企业拥有股权性质种类越多，其混改程度越高。（2）股权融合度或制衡度（MIXR），参考杨志强等（2016）的研究设计，首先计算国有企业中国有股及非国有股占全部股权的比例分别为 Es 和 Ep，以 Es 和 Ep 中的较大者作为分母，较小者为分子（即当 Es > Ep 时，MIXR = Ep/Es；当 Es < Ep 时，MIXR = Es/Ep），MIXR 越大，国有企业的国有资本与非国有资本融合程度越高，制衡作用越明显。（3）国有企业控制权转移（MIXC），参考徐晓东、陈小悦（2003）及白云霞、吴联生（2008）的研究，将第一大股东变更或终极控制人性质变更定义为控制权发生转移，通常而言，控制权发生转让其混改程度可能更高。

本书主要使用混合股权多样性作为混合所有制改革的度量指标，即国有企业拥有的股权性质种类越多，其股权结构多元化的程度越高，混改程度也越高。

3.1.2 股权制衡的概念及其度量

（1）股权制衡的概念。股权制衡是指公司由几个大股东共同控制，实现内部牵制，使任何一个最大股东和管理者都无法独立控制公司决策，达到互相监督和抑制掠夺的效果。帕格诺和罗尔（Pagano & Roell，1998）认为，最理想的股东持股结构应该是分散的，以此来避免被单个或部分大股东所控制。但是，公司股权过于分散会加重管理层与股东之间的代理问题。股权越分散，则这种代理问题就会越突出。一方面，管理层与股东之间的利益需求存在偏差，出于自利的动机，他们很可能通过权力寻租等手段牟取私利从而损害公司的整体利益。此时，中小股东由于持股比例较少，出于"搭便车"的心理，没有足够的动力对管理层进行监督和激励，而大股东为了实现自身利益最大化的目的必须对管理层进行有效监管。另一方面，大股东为了自身利益更有动机对公司管理层的行为进行监督，而为了进一步扩大自身利益，他们也有可能作出损害中小股东的利益的行为。为了缓解这两类代理问题，股权制衡理论应运而生。企业通过形成多个大股东的相互制衡的股权结构，在减少经理的私人收益的同时，还有助于保护小股东的利益（Gomes & Novaes，2005）。

股权制衡的实质是股权结构分布背后权力安排的问题，是股权之间互相牵制达到一种相对均衡的状态。具体来看，就是两个或两个以上的大股东共享企业控制权，他们通过内部博弈和相互制衡，使大股东无法独自控制企业的生产经营和投资决策，最终形成大股东之间相互制约的权力模式，公司作出的任何决策都必须通过整个股东联盟协商一致通过方能施行。此时，大股东联盟出于共同的利益，能对管理层进行积极监督和管理，同时，大股东之间的相互制衡也能够抑制个别大股东对中小股东的利益侵占。当控股股东与制衡股东为非同一性质时，制衡股东能发挥更好的制衡效果（刘星和刘伟，2007）。本书以国有企业的混合所有制改革为研究对象，将股权制衡界定为不同性质大股东之间形成的混合股权制衡机制。

（2）股权制衡的度量。学术界对股权制衡衡量还未形成统一的标准。如戈麦斯和诺瓦斯（Gomes & Novaes，2005）设置一个虚拟变量来衡量股权制衡，当满足以下三个条件时存在股权制衡，即取值为1：①10%＜第一大股东持股比例＜50%；②第二大股东持股比例＞10%；③第一大股东持股比例＜第二到第五大股东持股比例之和。

目前，最常用的衡量股权制衡的指标是股权制衡度，又称股权控制度（SR）。该指数通过其他股东与第一大股东持股比例的比值来进行衡量，通常表示为：

$$SR = 其他大股东持股比例 \div 第一大股东持股比例 \times 100\%$$

其他大股东可以是第二到第五大股东持股比例之和，也可以是第二到第十大股东持股比例之和。该比值越大，说明其他大股东的制衡能力越强；反之，则越弱。

本书是以混合所有制改革为研究对象，对股权制衡的度量也必须结合混合股权的特征，即制衡股东的异质性。涂国前和刘峰（2010）的研究从制衡股东性质的角度出发，发现不同性质制衡股东具有不同的制衡作用，且非国有制衡股东的制衡效果好于国有制衡股东。本书从异质股权制衡（HSR）和混合股权制衡度（MIX）两个角度来衡量股权制衡。关于异质股权制衡（HSR）的度量，即当制衡股东（即第二大股东）与大股东性质不一致时，HSR取值为1，否则为0；关于混合股权制衡度（MIX）的度量，即MIX等于前十大股东中非国有股东持股数与国有大股东持股数的比值。

3.1.3 资本配置效率的概念及其度量

（1）资本配置效率的概念。经济学家亚当·斯密关于资本的论述是作为扩大生产从而获取利润的储蓄财产的积累。马克思认为货币本身并不是一种资本，只有当货币被用来雇佣工人劳动力并榨取他们的最大剩余价值的时候，货币才转化为资本。从上面的论述可以看出，在可预见的未来能带来利益流入的才是资本，而资本的稀缺性决定了人们需要对资本进行优化配置，提高资本的使用效率，也即是资本配置效率。关于资本配置效率的具体划分存在较多的视角，如吕宙（2002）把资本配置效率分类为企业、行业以及宏观经济这三个维度。又如魏海港（2004）把资本配置效率分类为广义和狭义的资本配置效率，即企业之间的资本配置效率和公司内部的资本配置效率。本书研究的是混合所有制改革对国有企业内部资本配置效率的影响，检验国有企业是否完成了从经营企业到经营资本的理念转变，是否实现了国有资本的保值增值。投资活动作为企业价值增值的重要活动之一，也是最能体现企业对资本运营重视程度的地方，投资效率的高低直接关系到企业的绩效和投资者的收益，基于此，本书使用投资效率作为资本配置效率的度量指标。

（2）资本配置效率的度量。学术界对微观企业资本配置效率的度量主要分为两种：

其一，借鉴理查德森（Richardson，2006）和辛清泉等（2007）的研究，使用预期投资模型 3-1 估计非效率投资来度量资本配置效率：

$$INV_{it} = \alpha_0 + \alpha_1 LEV_{it-1} + \alpha_2 SIZE_{it-1} + \alpha_3 CASH_{it-1} + \alpha_4 AGE_{it-1} + \alpha_5 RET_{it-1}$$
$$+ \alpha_6 Growth_{it-1} + \alpha_7 INV_{it-1} + \mu_{it} \qquad 模型（3-1）$$

其中，INV_{it} 为年度 t 公司 i 的投资规模，使用公司当年购建固定资产、无形资产和其他长期资产所支付的现金减去处置上述资产所收到的现金除以上期期末总资产度量。LEV_{it-1} 为 $t-1$ 期的资产负债率，$SIZE_{it-1}$ 为 $t-1$ 期的企业规模，以期末总资产的自然对数代替，$CASH_{it-1}$ 为 $t-1$ 期的现金期末余额/总资产，AGE_{it-1} 为公司年龄，RET_{it-1} 为 $t-1$ 期的股票收益率，$Growth_{t-1}$ 为 $t-1$ 期的公司成长性，以主营业务收入增长率代替，INV_{it-1} 为 $t-1$ 期的投资规模。通过面板数据固定效应模型估计方程 3-1，并计算各个企业年度 t 的预期投资（拟合值）和剩余投资（残差 μ_{it}）。如果剩余投资大于 0，表明公司实际投资大于预期投资水平，公司存在过度投资，残差即为过度投资 $OINV_{it}$；剩余投资量小于 0，表明公司存在投资不足，残差值即为投资不足程度，取绝对值后记为 $UINV_{it}$。

其二，借鉴麦克莱恩等（Mclean et al.，2012）的方法，以公司投资对边际 Q 的敏感性衡量资本配置效率，主要涉及公司投资规模（INV）和投资机会（Tobin's Q）两个变量。在公司投资规模对投资机会的回归模型 3-2 中，投资机会的回归系数表示投资机会对公司投资规模的影响程度，也即投资规模对投资机会的敏感性。在模型 3-2 中设置投资机会与被解释变量 X 的交乘项检验被解释变量能否加强投资规模对投资机会的敏感性，从而提高了资本配置效率。

$$INV_{it} = \alpha_0 + \alpha_1 X_{it-1} + \alpha_2 \text{Tobin's Q}_{it-1} + \alpha_3 \text{Tobin's Q}_{it-1} \times \text{Tobin's Q}_{it-1}$$
$$+ \alpha_4 SIZE_{it-1} + \alpha_5 CASH_{it-1} + \alpha_6 AGE_{it-1} + \alpha_7 RET_{it-1} + \alpha_8 Growth_{it-1}$$
$$+ \alpha_9 INV_{it-1} + \mu_{it} \qquad 模型（3-2）$$

其中，INV_{it} 为年度 t 公司 i 的投资规模，X_{t-1} 为被解释变量，Tobin's Q_{t-1} 为投资机会，使用托宾 Q 进行度量，Tobin's $Q_{t-1} \times$ Tobin's Q_{t-1} 为投资机会与被解释变量 X 的交乘项，其他变量解释同上。

本书采用 Richardson 的预期投资模型，并使用过度投资和投资不足作为资本配置效率的度量变量。因为 Richardson 的预期投资模型不仅能够度量指定公司和指定年度的投资效率，还能很好地避免估算样本的幸存性偏见。

3.2 混合所有制改革的演进历程

国有企业是我国经济发展的重要力量，是维持社会稳定和民族团结的物质基础。改革开放之后，我国的经济体制从计划经济转向市场经济，国有企业作为经济体制改革的重点部分，随着改革的不断深入，逐步实现与市场经济的有效结合。在我国经济发展进入新常态的背景下，党的十八届三中全会提出，要大力推动国有企业发展混合所有制经济，更是把混合所有制提升到基本经济制度重要实现形式的高度。纵观混合所有制经济发展 40 多年来的历程，国有企业改革始终围绕着一条主线进行，就是寻找一条能让国有企业更符合市场经济需要的道路。下面根据政策与制度的变迁来回顾国有企业混合所有制改革的演进历程。

（1）酝酿阶段（1978—1992 年）。1978 年 12 月，党的十一届三中全会召开，会中提出权力过于集中是我国经济管理体制的重要缺点，应该有领导地大胆下放，让地方和工农业企业在国家统一计划的指导下有更多的经营管理自主权。要认真解决党政企不分、以党代政、以政代企等问题。国营企业普遍开始实施扩大经营自主权的改革，这也是混合所有制改革的雏形。

1984 年 10 月，党的十二届三中全会召开，标志着我国改革和发展的重点开始从农村转向城市。全会中通过的《中共中央关于经济体制改革的决定》是我国经济体制改革进程中里程碑式的文件，其中肯定了社会主义商品经济的地位，且明确指出"增强全民所有制大中型企业的活力，是以城市为重点的整个经济体制改革的中心环节。"国有企业改革的中心思想是逐步推进政企分离，使企业成为独立经营、自负盈亏的商品生产者和经营者。随着东部沿海地区开放，以合作经营为主的外商对华投资方式开启了混合所有制经济的探索之路，国有企业或集体企业开始与外资企业合资合作，通过引进技术和模仿创新扩大出口规模，形成了早期混合所有制经济发展的有益范本。

1992 年邓小平同志南方谈话后，中央提出建设社会主义市场经济体制的改革目标。以此为指引，党的十四届三中全会确立了社会主义市场经济体制改革的目标，指出转换国有企业的经营机制是建立社会主义市场经济体制的中心环节。全会首次提出"财产混合所有的经济单位会越来越多，将会形成新的财产所有结构"。这里从企业层面提出了"混合所有"的概念，并不算完整意义上的混合所有制经济。这可以视为混合所有制经济理论的雏形，代表着混合所有制经济发展又一进步。

（2）萌芽阶段（1993—2002年）。1993年11月，党的十四届三中全会通过了《中共中央关于建设社会主义市场经济体制若干问题的决定》，第一次明确了我国国有企业改革的方向是建立产权明晰、权责明确、政企分开、管理科学的现代企业制度，这标志着国有企业改革进入制度创新的新阶段。这一时期，坚持以经济建设为中心的基本路线，为了实现社会主义现代化，国有企业改革开展了大胆尝试。通过股份制改革试点和东南沿海的产权改革试验，股份制改造逐步推开。大型国有企业通过联合、兼并组建企业集团，中小型国有企业通过承包和租赁经营等方式，纷纷改制成为混合所有制或非公有制企业，完成了混合所有制经济发展的重要前置程序。在推进制度创新和调整国有经济布局和结构的同时，重点解决国有企业市场化过程中暴露出来的社会负担重、历史包袱多、企业冗员严重等问题。

1997年9月，党的十五大报告指出，"坚持和完善社会主义市场经济体制"，"要全面认识公有制经济的含义。公有制经济不仅包括国有经济和集体经济还包括混合所有制经济中的国有成分和集体成分"。这是中央决策层第一次正式提出"混合所有制经济"的概念。

1999年9月，党的十五届四中全会提出，"国有资本通过股份制可以吸引和组织更多的社会资本。国有大中型企业宜于实行股份制的，要通过规范上市、中外合资和企业互相参股等形式，改为股份制企业，发展混合所有制经济"。全会将股份制改革和发展混合所有制经济放在同一个高度，这意味着中央层面认识到混合所有制经济对完善社会主义市场经济体制的重要性。同时，添加"发展"二字，将混合所有制经济上升到国家战略层面，体现了当时中共中央和国务院着力于发展的意图。

（3）成长阶段（2003—2012年）。2002年，党的十六大报告进一步深化了对社会主义市场经济的认识，更强调市场在资源配置中的基础性作用。报告提出"根据解放和发展生产力的要求，坚持和完善公有制为主体、多种所有制经济共同发展的基本经济制度，必须毫不动摇地巩固和发展公有制经济，毫不动摇地鼓励、支持和引导非公有制经济的发展"，将混合所有制经济发展纳入市场化改革框架，使其在实践中也逐渐活跃起来。

2003年，党的十六届三中全会提出，"要适应经济市场化不断发展的趋势，进一步增强公有制经济的活力，大力发展国有资本、集体资本和非公有资本等参股的混合所有制经济，实现投资主体多元化，使股份制成为公有制的主要实现形式"，其中"大力"两字强调了党中央推动混合所有制经济发展的决心。全会审议通过的《中共中央关于完善社会主义市场经济体制若干问题的决定》，首次明确界定了混合所有制经济的含义，对混合所有制改革的进程具有全局性的指导意义。

（4）突破阶段（2013年至今）。2013年11月，党的十八届三中全会明确提出"积极发展混合所有制经济"，其中首次出现"积极发展"的提法，表达了更为鲜明的态度。全会还强调"国有资本、集体资本和非公有资本等交叉持股、相互融合的混合所有制经济是基本经济制度的重要体现形式"，以往"混合所有制经济"必然伴随着"股份制"的出现，其在含义上是相挂钩的。但这次赋予了混合所有制新的内涵，对于混合所有制改革的定位和设计有了更深入的诠释。

2017年，党的十九大进一步提出"深化国有企业改革，发展混合所有制经济，培育具有全球竞争力的世界一流企业"的重要目标。这对混合所有制经济提出了新要求、确定了新方向。一是鼓励民营企业积极参与混合所有制改革，注重实现多种所有制经济的公平竞争和融合创新，使各种所有制资本取长补短、相互促进、共同发展。二是将混合所有制改革列为经济体制改革的核心内容和完善基本经济制度的重要着力点，战略定位之高前所未有。三是将"培育具有全球竞争力的世界一流企业"设定成了混合所有制改革的战略目标，使混合所有制经济这种富有效率和活力的资本组织形式，成为深化国有企业改革新的有效载体。

经过40余年的探索与实践，混合所有制改革在广度和深度上呈现以点带面、层层递进的发展态势。现如今的改革重心是完善公司治理结构和创新治理机制，促使国有企业建立现代治理机制和激励机制，提升国有经济的主业竞争优势，实现市场化经营，激发国有资本活力，为健全社会主义市场经济体制、加速完成经济体制转型作出重要贡献。

3.3 混合所有制改革、股权制衡与资本配置效率的理论基础

3.3.1 产权理论

由于资源是稀缺的,人们在使用稀缺资源时,必须进行合理的分配,争取发挥资源的最大作用。产权理论研究的就是能对资源进行分配和利用的人群之间的行为关系。要理解产权理论,需要先了解什么是产权。有西方学者认为,产权是人们受到法律保护的自身所拥有的对某一资源的支配权力,通过产权的确立能够改善在资源稀缺条件下人与人之间的关系。英国经济学家科斯是产权理论的奠基者和主要代表,他于1937年在《经济学家》上发表的《企业的性质》一书标志着产权理论的系统提出。他指出在大多数情况下,人们拥有的并不是某一实物,而拥有的是与该实物所联系着的使用权利,这种与某一事物密切联系着的使用权利指的就是产权。所以他一直倡导,产权才是经济社会的实质所在,产权交易才是经济交易的真实内容。因此,对于产权理论的研究有助于更好地理解资源稀缺条件下的交易实质。

产权是确保社会资源配置有效的基础。若要保证资源的配置效率,产权必须要具备三类基本特性,即排他性、可分割性以及可转让性,只有具备了这三个特征,才能保证经济交易的高效率,也才有利于交易者更好地分析交易实质进而作出有效益的决策行为,最终提高资源配置效率。排他性是指产权享有者可以独占产权,通过对产权的利用和处置来获取利润,同时对其他人对该产权的使用产生制约和排斥的权利。可分割性指的是资源本身与合理使用资源的能力是分离的,这也是产权能够增值的必要条件。因为资源的拥有者通常不具备发挥资源最大效用的能力,为了让资源的使用能够获得最大的收益,产权人愿意借助其他有能力的使用者来更好地发挥资源的作用,通过这些人对资源的管理和处置,帮助自身获取利益,同时将一定的获得利益分配予资源管理者,做到资源的优化配置。现代企业制度的基础,两权分离的产生也是基于这一点。可转让性特征集中地表现了产权的市场特性,产权人可以对产权进行转让,换取更加灵活的资本,用于更能获取利益的地方,进而提高资源的配置效率,有助于产权市场的建立和完善,而良好的产权市场又能反过来提升资本的配置效率。

产权最主要的功能在于它可以降低经济活动的交易成本,提高资源配置的效率。产权理论认为,完善的产权制度是增加公司业绩的必要条件,产权制度是否

能够达到权利和责任的清晰化，是否能够保障产权所有者的所有权利，是否能够确保产权在市场上的自由流动，这些都关系着公司的营业绩效。而由于中国特殊的经济体制，国有企业普遍存在产权不明晰、权利与责任不明确的状况，而且国有产权的利益和管理者的利益关联性不强，很容易导致企业的管理者缺乏监管的动力，导致国有企业效率低下。更重要的是，国有产权缺乏在市场上自由流动的机制，这使国有产权无法在市场上自由流转，无法做到资源的优化配置，甚至无法有效地规避风险，最终损害国有企业的利益。单一的国有股权不利于国有企业的健康发展，而混合所有制改革正是从股权结构入手，通过引入非国有资本加入国有企业，共同参与资本的管理和利益的分配，充分发挥非国有资本灵活的市场机制，提升国有企业的资本配置效率。

3.3.2 股权制衡理论

关于股权制衡理论的分析模型主要包括以下四种：

（1）代理成本与监督成本的权衡（P-R模型）。帕格诺和罗尔（Pagano & Roell，1998）的文章分析了公司最佳股权结构的设计，初始股东企图内部化所有代理成本，设计最佳股东规模以实施最优的监督力度，股权制衡就是一种代理成本与监督成本的权衡。P-R模型从公司初始股权所有者上市与否的决策出发，从企业初始股东的角度来看，一方面，企业需要吸收外部投资，增加外部股东的持股；另一方面，企业的初始股东考虑到自身的未来私人利益，又担心自己的控制权受到限制。他们认为若外部股东集中持有大量的股份，存在着过度监督的可能。因此，初始股东需要考虑代理成本与监督成本来设计最优股东规模，决定控制权的分散程度。文章认为，各自为政的大股东可以构成一个相互制约、相互平衡和决策分散的权力格局，这种多极化的决策体系有助于克服单一大股东对经理人的过度监督或可能出现的内部人控制问题。进而，他们提出，在投资者保护弱的国家，控股股东能通过贿赂其他大股东来减少过度监督的可能性。

（2）联盟效应与合谋效应的权衡（B-W模型）。本尼德森和沃尔芬松（Bennedsen & Wolfenzon，2000）通过对非上市公司股权制衡形成过程的研究，在合作博弈均衡的框架内，用B-W模型探讨了最优股东数及其份额，投票权以及最优现金流权等问题，发现是联盟效应（Alignment Effects）与合谋效应（Coalition Formation Effects）共同作用形成了制衡的股权结构，认为企业应该存在一定数量的大股东，使股权在更多的大股东之间分享和平衡。联盟效应又称协调效应，是指若干大股东形成的合谋集体比一股独大的控股股东能够更好地消化掉联盟的成本，防止大股东对中小股东利益的侵占，有助于提升企业治理效率；相反，合谋效应则是指合谋集团可以通过少数股权达到控制整个企业的目的，这种合谋形成的控制权可能会被用来侵占中小股东的利益。假设初始股东拥有三份完全相同的股权，在现金流不足的情形下初始股东会选择出售其中两份而保留其一，与另外两个股东共同控制企业，如此就通过联盟效应形成了一个新的合谋集团。同时，合谋效应也可能会发挥作用，也就是该合谋集团为了节约成本仅通过两份股权即可取得控制地位，进而侵占另外一较小股东的利益。所以在联盟效应和合谋效应的共同作用下，便形成了一种制衡的股权结构，这是一种相互博弈的均衡状态。

（3）权益效应与折中效应的权衡（G-N模型）。戈麦斯和诺瓦斯（Gomes & Novaes，2005）运用不完全信息下讨价还价博弈分析，通过对一股独大的股权结构和制衡型的股权结构进行比对发现：股权制衡的制衡效果存在与其能够降低大股东由于监督成本而带来的效率低下有关，究其原因为权益效应（Equity Effect）和折中效应（Compromise Effect）。其中权益效应类似于B-W模型中的联盟效应，是指资金需要增加股东或者股权转让的原因，提高了企业的内在价值，提高了企业的治理效率。折中效应又称妥协效应，是指由于少数拥有控制权的股东掌握绝对股份，在决策时尽管控制性股东期望避免意见的冲突，但双方争执难以避免，其他股东出于私人利益进行一定的论证后方可达成折中的意见满足双方的需要。这种双方相互的迁就和各自的妥协后能够形成最趋近于股东财富最大化的目标。当然股权制衡中的折中效应并不一定有效，侵占中小股东利益的行为还是时有发生。由此，该模型旨在因意见分歧造成公司价值减损与决策效率损失之间寻找一个恰当的均衡点，能够在获得控制权私人收益与决策冲突放弃好的项目产生的损失间达到平衡。

（4）监督成本与私人收益的权衡（B-H模型）。布洛赫和黑格（Bloch & Hege，2001）提出了一个既考虑监督问题又考虑私人收益问题的多个大股东的股权结构模型。他们引入竞争性控制权这个概念，即大股东间存在争夺控制权的战争。在模型中假定有两个大股东争夺控制权，并且两个大股东在治理公司与监督经理的能力方面存在差异。为了赢得控制权，两个大股东都会减少私人收益的攫取以获得中小股东的投票权。大股东私人收益的攫取取决于股东创造价值的能力和持股规模，创造财富的能力弱或持股规模都会使侵占减少，所以最优的股权结构的设计是使侵占减少、控制权竞争性增加的多个大股东相互制衡的股权结构。他们认为，多个大股东为了竞争控制权，会减少大股东对小股东的侵占，减少私人收益，增加公司价值。

3.3.3 委托代理理论

委托代理理论最早由美国经济学家伯利和米恩斯在 20 世纪 30 年代提出，并在 20 世纪 60 年代末 70 年代初发展起来。委托代理问题的产生源于企业所有权与经营权的分离。在现代企业中，资本的所有者，即委托人，他们拥有资本的所有权但不直接参与资本的运营管理，而将其管理权限委托给专业管理人员；代理人则是受委托人委托负责使用和管理企业资源的人员，其对公司的经营活动进行管理并作出各项经营决策。委托代理理论认为由于企业股东与管理者的利益目标不一致，股东的目标是自己的财富最大化，而管理者的目标是个人利益最大化，导致了两者之间的利益冲突（Jensen & Meckling，1976），这也被称为第一类代理问题。在信息不对称的环境下，由于管理者拥有的企业信息比股东要多以及股东无法对管理者进行有效监督，管理者可能偏离股东价值最大化的目标，利用各种机会来牟取个人私利，由此产生了包括以下三个方面的代理成本，一是股东的监督成本；二是管理者的约束成本，比如向股东报告业绩以及聘请外部审计等；三是剩余损失，比如管理者的在职消费和非效率投资等。

现有的研究进一步将委托代理关系分为四类：第一类代理关系——股东与管理者之间的代理关系；第二类代理关系——大股东与小股东、股权人与债权人之间的代理关系；第三类代理关系——企业不同层级管理者之间的委托代理关系，第四类代理关系——股东与受托的专职财务监督者之间的委托代理关系。本书主要从第一类和第二类委托代理关系的角度分析混合所有制改革、股权制衡与资本配置效率之间的关系。

（1）从第一类代理关系的角度看混合所有制改革。由于公有制产权的特性以及国有企业行政体制繁杂，导致国有股权本身就存在多级代理问题及所有者缺位问题，在多层次复杂的委托代理关系中，国有资产的最终控制人对公司的剩余索取权和生产经营控制权被弱化，从而导致了严重的"内部人控制"问题。张维迎（1999）用"变压器理论"解释了多重代理问题的产生：国有资本的终极所有权属于全体人民，由国家政府代行股权职能，由于其数量庞大而分散，政府必须要寻找代理人来行使其职能。第二级代理人在无法直接行使其代理职能的情况下，又会去寻找下一级代理人，直至找到上市公司的国有控股股东，国有控股股东再将经营管理权委托给管理者。这种多层次的委托代理关系拉长了委托人与代理人的距离，增加了代理链条上利益分享的主体，增加了信息不对称程度，严重影响了企业效率。委托代理层次越多,国有资产管理者对资产的关心程度就越低,与此同时,国有控股股东对代理人行为的监管也越难,委托代理问题也越严重。另一方面,社会公众股所占比例小且分散程度高,缺乏有效组织的情况下,没有能力监督上市公司的经营管理行为。同时,公众小股东只能分享到由有效监督所带来增量收益的很少部分。因此,公众小股东缺乏监督国有上市公司的经营的动力,而是倾向选择"搭便车"。

综上所述,由于国有企业的所有者缺位以及多层代理关系引发的严重代理问题,又缺乏有效的监督,最终导致企业效率的低下。而混合所有制改革能很好地解决这个问题,民营股东以股东价值最大化为目标且不会受到多层次代理问题的影响,他们会积极地参与国有企业的经营管理,充分发挥民营资本的营利能力,从而激发国有资本的活力,提升国有企业的整体价值。同时,为了防止自身利益受到损害,民营股东还会加强对企业管理者的监督,缓解代理成本,提高资本配置效率。

(2) 从第二类代理关系的角度看股权制衡。在所有权分散的股权结构中,主要存在的是公司股东和管理层之间的代理问题。而在所有权集中的股权结构中,这种委托代理关系则不仅存在于股东和管理层之间,还存在于公司大股东和中小股东之间。对于小股东而言,若要监督管理者必须承担与之相关的全部成本,而所获得的收益只是按持股比例分享的一部分,在这种情况下监督成本远高于其投资收益,因此股东缺乏监督管理者的动力,所以在股权结构分散的企业中主要体现的是股东与管理者之间的代理问题(Grossman & Hart,1988)。而在股权高度集中的企业里,大股东能够分享企业的绝大部分收益,因此大股东有动力来监督管理者(Smith,1996),从而缓解第一类委托代理成本。但当大股东持股比例较高时,公司董事会和经理层容易受到大股东的控制,从而使大股东能够主导公司的经营与财务决策,变相地代表中小股东行使了对公司的经营控制权,通过侵占中小股东利益来实现私人利益最大化。大股东侵占中小股东利益的行为多样,比如通过虚假出资、盈余管理、关联方交易、股利分配等方式,使公司利益遭受损害,公司资本配置效率低下,最终影响公司的价值。针对第二类代理问题,学者普遍认为能通过股权制衡进行缓解。

第4章 混合所有制改革、股权制衡与资本配置效率的机理分析

机理分析是指通过对系统内部运作原理的分析研究，从而找出其发展规律的过程。本章将产权理论、股权制衡理论以及委托代理理论嵌入对混合所有制改革、股权制衡与资本配置效率之间的关系的分析中，具体阐述产权理论和委托代理理论在对混合所有制改革与资本配置效率之间关系分析中的应用，并以股权制衡理论和委托代理理论为基础分析混合所有制改革与股权制衡对资本配置效率影响的作用机理。

4.1 混合所有制改革、股权制衡与资本配置效率之间的关系

4.1.1 混合所有制改革对资本配置效率的影响

党的十四届三中全会就明确指出了以股份制为特征的混合所有制经济发展是必然趋势。时至今日，混合所有制经济已然成为社会主义基本经济制度，学者对混合所有制改革也更加深入，但其核心内容却从未改变过，即多种所有制成分之间相互渗透、相互融合。不少学者认为相较于民营企业，中国国有企业效率普遍较低，其中有政策性负担、预算软约束、行政结构僵化、缺乏利益驱动的上升动力等方面的原因，还有长期垄断经营和低廉融资成本所带来的竞争压力的缺失，这都会降低国有企业的资本配置效率。而混合所有制改革旨在通过引入其他性质的资本参与国有企业的经营和管理活动，打破旧的格局，注入新鲜血液，提高国有资本的运行效率。

从经营企业到经营资本是国有资产管理的新理念，提高资本配置效率是新一轮混合所有制改革的新要求。混合所有制改革就是通过各种所有制资本交叉持股和相互融合，充分发挥国有资本的规模优势、技术优势和管理优势，发挥非国有资本的灵活的市场机制和创造力，完善企业治理机制，提高国有资本的投资和运营效率。不少学者对混合所有制改革进行了研究，他们认为混合所有制改革能够

产生较大的社会剩余（朱东平，1994）、有效提高企业的生产效率（张维迎，1999；郭克莎，1994）、提高劳动生产率（许小年和王燕，1999）、提高企业绩效（刘小玄，2004、2005；Shleifer，1997）、减少政策性负担对企业的影响（杨瑞龙，2014）、提高投资效率（张栋，2008）。可以看出，混合所有制改革能够发挥非国有资本的"鲶鱼效应"，更好地利用国有资本的资源优势（如融资成本、土地及资源租金低等）和政策优势（如政府补贴及税负减免等），盘活国有企业资产，完善国有企业治理结构，释放国有企业活力、令国有资本保值增值、提高企业资本配置效率。

结合上述分析，本书认为，混合所有制改革能够影响企业的资本配置效率。

4.1.2 股权制衡对资本配置效率的影响

根据上述文献综述可知，对资本配置效率的研究，现有大量文献都集中关注企业内部特征、公司治理特征以及外部环境等影响因素，但是却罕有文献探讨在混合所有制改革背景下，股权制衡对资本配置效率产生的影响。

近年来，通过对已有文献的阅读，发现大多数企业的股权结构是相对集中的，而这种现象在中国上市公司中尤为明显，被称为"一股独大"，也即是公司通常存在一个绝对控股的大股东。而过于集中的股权结构很容易产生大股东掠夺小股东的行为（Shleifer & Vishny，1997）。委托代理理论也认为，当大股东持股比例较高时，公司董事会和经理层容易受到大股东的控制，当大股东和其他股东利益不一致时，大股东很可能代替中小股东行使对公司的经营控制权。这种存在于大股东与中小股东之间的利益冲突被称为第二类代理问题。

已有的研究表明，大股东侵占行为必然导致中小股东利益的损失，同时也会影响企业的资本配置效率。而在股权制衡治理模式下，无论是几个大股东互相牵制（Pagano & Roell，1998），还是中小股东联合起来制约大股东，都能起到治理作用。一方面是加强对大股东的监督，提高大股东的侵占成本；另一方面则是加强中小股东对企业的控制，降低大股东侵占行为发生的可能性，最终达到优化资源配置，提高资本效率的目的。

在中国，上市公司大股东相对控股的情况很普遍，且这一现象在国有上市公司中尤为明显，而较高的股权集中度很容易导致大股东和中小股东之间的代理冲突，这同样是导致企业资本配置效率低下的重要因素。而股权制衡作为针对性较强的治理机制，也受到了学术界的关注。大部分学者认为股权制衡能对大股东进行牵制和监督，降低代理成本，提高资本配置效率。但也有人持相反观点，认为股权制衡会导致企业控制权的混乱，更容易引发矛盾，导致企业内部代理成本增加，反而成为企业提高资本配置效率的阻碍。

结合上述分析，本书认为，股权制衡能够影响企业的资本配置效率，而怎样的制衡结构才能更好地发挥作用还需要结合实际情况进行进一步分析。

4.1.3 混合所有制改革、股权制衡对资本配置效率的影响

推行混合所有制改革是为了完善现代企业制度，实现股权多元化，各种资本相互促进，相互监督，提高国有资本配置和运行效率。从股权制衡的角度来看，国有企业引入非国有资本，就是需要非国有股东参与公司的经营管理，加强企业的股权制衡，提高资本配置效率。从已有文献对股权制衡的研究可以看出，无论是从委托代理理论还是股权制衡理论角度，其立足点都在于资本的逐利性，各方博弈也离不开利益的冲突，而在混合所有制企业中，不同性质股东之间的制衡关系会更加复杂。如前文中提到的，股权制衡是指几个大股东互相制衡，或是多个中小股东联合起来制衡大股东，缓解各个股东之间的利益冲突。混合所有制企业的股权制衡则需要考虑更多的问题，如同为国有股股东，由于缺乏逐利性，他们是否有足够的利益联合起来制衡大股东；又如国有股东和非国有股东由于利益本身就不完全一致，他们之间如何进行合作，能够起到怎样的制衡作用仍需进一步研究；再加上非国有资本本身还包括集体资本、民营资本和外资三个部分，这些资本各有所长，其利益诉求也不尽相同，如何协调好各种资本之间的关系，更好地发挥股权制衡的治理作用正是混合所有制改革的重点和难点。

中国国有企业的混合所有制改革要求企业分层分类改革，即区分"已经混合"和"适宜混合"、商业类和公益类、集团公司和子公司、中央国有企业和地方国有企业等层级，按照企业不同的特点和要求进行改革。如充分竞争行业的国有企业要以增强国有资本活力，实现保值增值为主要目标，其进行混改时，对国有资本持股的要求相对宽松，股权集中程度相对较低，积极吸收各种非国有资本加入企业，在这种情况下，股权制衡发挥作用的余地也更大。而涉及国家安全、国民经济命脉的国有企业，其要求在保持国有资本控股地位的同时也要支持非国有资本的参与，其股权集中程度较高，股权制衡结构相对简单，发挥作用的余地较小。混合所有制改革不是单纯的资本融合，股权结构的调整才是其中的关键，这从股权制衡的角度来说也是一样的。国有股比例与企业绩效之间不是简单的线性关系（田利辉，2005；董梅生和洪功翔，2017），企业规模会影响混合所有制企业的最优股权结构（张蕊和蒋熙涵，2018）。基兰和斯塔克斯（Gillan &

Starks，2000）认为，由于外资股东相对独立的地位以及更少的利益冲突，其在促使本地企业完善治理机制方面扮演了重要的角色。胡一帆等（2006）也发现，在混合所有制企业中，私有与外资股份对企业效率最具激励作用。从上面的分析中可以看出，非国有股东的制衡效果更好，对资本配置效率的优化作用更强。

综上所述，混合所有制改革能影响股权制衡作用的发挥，进而提高资本配置效率。

4.2 混合所有制改革、股权制衡对资本配置效率的路径分析

前文结合现有的研究，分析了混合所有制改革、股权制衡与资本配置效率之间的关系。本部分则结合产权理论、股权制衡理论与委托代理理论具体分析混合所有制改革、股权制衡对资本配置效率的作用路径。

4.2.1 混合所有制改革对资本配置效率的作用路径

（1）基于产权理论。产权理论认为明晰的产权是确保社会资源配置有效的基础。只有明确了资源的所有权和使用权，才能有利于交易者更好地分析交易实质进而作出有效益的决策行为，最大限度地发挥资源的价值，最终提高资源配置效率。因为资源的拥有者通常不具备发挥资源最大效用的能力，为了让资源的使用能够获得最大的收益，产权人愿意出让资源的使用权，聘任更有能力的使用者来发挥资源的作用，放大资源的价值，然后通过合理分配做到双方共赢，实现资源的优化配置。而中国国有企业普遍存在产权不明晰、权责不明确的状况，再加上国有控股股东只是代行国有资本的使用权，缺乏对企业监管的动力，导致国有企业资本配置效率低下。完善的市场机制是实现资源配置优化的基础，资源的灵活流动能降低交易成本，放大资源的效用，提高配置效率。而国有产权缺乏在市场上自由流动的机制，国有企业的管理者也不能随意处置国有资产，繁杂的行政机制提高了国有资产的交易成本，降低了资本的配置效率，也打击了管理者的积极性。可以看出，单一的国有股权不利于国有企业的健康发展，而混合所有制改革要求国有企业实现股权多元化，通过引入非国有资本共同参与资本的管理和利益的分配，充分发挥非国有资本灵活的市场机制，打破国有企业僵化的行政机制，提升资本配置效率。

（2）基于委托代理理论。委托代理理论认为，股权越集中，大股东对企业的控制力越强，对管理层的监督也更强，能缓解第一类代理问题（Smith，

1996）。中国国有企业普遍存在"一股独大"，股权高度集中，存在严重的第一类代理问题，导致国有企业效率低下，其主要原因是国有企业的多级代理问题及所有者缺位问题。一方面，由国家政府代替全体人民行使国有资本的股权职能，这导致国有控股股东没有对国有企业的剩余索取权，其获得报酬与企业的价值不存在直接的联系，这无疑会弱化国有控股股东参与企业经营管理活动的积极性。另一方面，多层次的委托代理关系拉长了委托人与代理人的距离，增加了信息不对称程度，增加了代理链条上利益分享的主体，而各主体之间的利益不一致又会进一步加深委托代理问题，严重影响了企业的运营效率。除此之外，社会公众股数量少而分散，缺乏足够的能力来监督国有企业经营决策。同时，公众小股东只拥有较少的对企业的剩余索取权，只能分享到由有效监督所带来增量收益的很少部分。因此，公众小股东缺乏监督国有企业经营的动力，而是倾向选择"搭便车"。

混合所有制改革通过引入非国有股东来改善公司的治理结构，非国有股东能够有效地缓解多层次委托代理问题和所有者缺位问题，同时加强对国有企业的监督，充分发挥非国有资本的灵活的市场机制，从而激发国有资本的活力，做到国有资本的保值增值，提高资本配置效率。

4.2.2 混合所有制改革、股权制衡对资本配置效率的作用路径

（1）基于股权制衡理论

①P-R模型：本尼德森和沃尔芬松（Bennedsen & Wolfenzon，2000）从企业初始股东的角度分析，一方面，企业需要吸收外部投资；另一方面，初始股东考虑到自身的未来私人利益，又担心自己的控制权受到限制。他们认为，若外部股东集中持有大量的股份，存在着过度监督的可能。因此，初始股东需要考虑代理成本与监督成本来设计最优股东规模，决定控制权的分散程度。国有企业"一股独大"，国有中小股东没有能力也没有动力联合起来制衡国有控股股东。为了更好地联合各股东来构成一个相互制约、相互平衡和决策分散的权力格局，国有企业可以通过混合所有制改革参与制衡机制，除了能利用其丰富的市场经验和智慧以外，还能调动国有中小股东的积极性，有助于缓解可能出现的内部人控制问题，提高资本配置效率。

②G-N模型：戈麦斯和诺瓦斯（Gomes & Novaes，2005）认为，几个大股东对收益分配进行讨价还价，讨价还价的结果有可能出现意见分歧而无法就掠夺行为达成一致意见，这样就降低了掠夺行为的发生概率，进而保护了小股东的利益。国有企业分红一直是中国国有企业改革的难题之一，即国有企业"为谁分

红"和"怎么分红"。一方面，国有资本使用权和剩余索取权相分离，分红标准很难界定，分红行为也受到严格限制。另一方面，民营企业分红还起到传递公司治理良好、企业价值攀升的信号，而国有企业通常不考虑这方面的因素，因此，引入民营股东无疑会加大国有企业对利益分配的积极性。同时，民营股东以股东价值最大化为目标，在与大股东讨价还价的过程中，必然要保护中小股东的利益，缓解大股东的掏空行为，提高资本配置效率。

③B-H模型：布洛赫和黑格（Bloch & Hege,2001）引入了监督成本与私人收益的权衡，同时考虑了大股东和中小股东的作用。一方面，多个大股东竞争企业控制权，为了赢得中小股东的支持，大股东可能会向广大小股东承诺在获得控制权后将尽量避免滥用其控制权，从而减少了其侵占小股东利益的行为。另一方面，模型中假定竞争企业控制权的大股东治理公司与监督经理的能力方面存在差异，大股东私人收益的攫取取决于股东创造价值的能力和持股规模，创造财富的能力弱或持股规模都会使侵占减少，让有能力的股东进行经营管理有利于各方的利益。与国有股东相比，民营股东对利益的追求有更高的积极性，同时，他们的私人收益与企业绩效的联系也更加紧密，无论是通过抑制大股东掏空行为，还是出于提高企业绩效的考虑，他们都更有动力参与公司治理，加强企业的监管力度，提高企业的资本配置效率。

（2）基于委托代理理论。在所有权集中的股权结构中，大股东由于掌握企业的实际控制权，与中小股东之间很可能发生委托代理问题。对于小股东而言，若要监督管理者必须承担与之相关的全部成本，而所获得的收益只是按持股比例分享的一部分，在这种情况下监督成本远高于其投资收益，因此小股东缺乏监督管理者的动力，所以在股权结构分散的企业中主要体现的是股东与管理者之间的代理问题（Grossman & Hart, 1988）。而在股权高度集中的企业里，大股东能够分享企业的绝大部分收益，因此大股东有动力来监督管理者（Smith, 1996），从而缓解第一类委托代理成本。国有企业正是典型的高股权集中度的企业，然而"所有者缺位"导致国有大股东没有将股权变现的权力，这使其缺乏足够的动力去加强企业的监管力度，这是导致国有企业代理问题严重的重要因素。为了缓解第一类代理问题，国有企业可以通过引入非国有资本来提高治理层的积极性，同时为了避免"搭便车"的发生，需要适当地提高非国有股东的持股比例，确保其拥有足够的能力对公司管理者进行监督，提高资本的配置效率。

然而，股权过于集中也可能导致企业董事会和经理层受到大股东的控制，从而使大股东能够主导公司的经营与财务决策，变相地代表中小股东行使了对公司的经营控制权,通过侵占中小股东利益来实现私人利益最大化。大股东可以通过虚假出资、盈余管理、关联方交易、股利分配等方式来侵占中小股东的利益,导致公司资本配置效率低下,最终影响公司的价值。在国有企业中,国有股的"一股独大"使中小股东普遍缺乏话语权,这很容易导致第二类代理问题的发生。学者普遍认为股权制衡机制能对大股东进行有效的牵制和监督,降低代理成本,但是,股权制衡机制形成的前提是各大股东对利益分配权力的争夺,而同为国有性质的大股东之间很难形成有效的制衡。国有企业需要通过混合所有制改革,建立多元的股权制衡机制,充分调动非国有资本的逐利性,加强对大股东的制衡力度,在一定程度上缓解第二类代理问题,提高资本的配置效率。

4.3 本章小结

本章将产权理论、股权制衡理论以及委托代理理论嵌入对混合所有制改革、股权制衡与资本配置效率之间的关系的分析中,并具体分析混合所有制改革与股权制衡对资本配置效率影响的作用机理。

国有企业存在政策性负担、预算软约束、行政结构僵化、缺乏利益驱动的上升动力等问题,还有长期垄断经营和低廉融资成本所带来的竞争压力的缺失,这都会降低国有企业的资本配置效率。而混合所有制改革旨在通过引入其他性质的资本参与国有企业的经营和管理活动,打破旧的格局,注入新鲜血液,提高国有资本的运行效率。从公司治理的角度看,国有上市公司普遍存在股权高度集中的情况,而较高的股权集中度很容易导致大股东和中小股东之间的代理冲突,同时,国有股权的"所有者缺位"也使国有大股东缺乏足够的动力对企业管理者进行监管,这又会加剧股东和管理者之间的代理问题。为了缓解这两类代理问题,国有企业需要通过混合所有制改革,建立多元的股权制衡机制,一方面,能充分利用非国有资本灵活的市场机制,激发国有资本的活力;另一方面,引入非国有股东参与公司治理,加强对大股东和管理者行为的监管,降低代理成本,提高资本配置效率。

本章理论分析了混合所有制改革与股权制衡对资本配置效率的影响及其作用路径,第5章将通过实证分析对其进行检验。

第 5 章 混合所有制改革、股权制衡与资本配置效率的实证检验

根据前文的文献综述可知，关于混合所有制改革研究主要集中在混合所有制改革对企业绩效和企业行为的影响。他们认为混合所有制改革可以激发国有企业及其内部管理人员的活力，优化国有企业的组织结构和运行模式，提高企业资本配置效率。然而，具体研究混合所有制改革作用机制的却少之又少。基于此，本书试图以混合所有制改革背景下的混合股权制衡为研究角度，分析混合所有制改革对资本配置效率的作用机理。另外，已有文献对股权制衡机制的作用的研究尚没有取得统一的意见，主要的争论焦点有两个：一是股权制衡的程度，即过高的股权制衡度所导致的权利分散会降低决策效率还会增加大股东之间的代理成本；二是股权制衡制度必须契合企业所处环境和自身状况才能更好地发挥作用，而股权多元化正是能影响股权制衡作用发挥的重要因素。鉴于此，本书拟从股权制衡的角度，研究混合所有制改革对资本配置效率的影响和作用机理。

5.1 理论分析与假设提出

国有企业在中国特殊的经济体制内占有核心地位，作为公有制经济的代表，国有企业涉及的领域除了一般竞争性行业外，还包括国家安全和关键领域，能源以及公共品和服务等行业，其肩负着维护国家健康发展的重任。但也正由于其特殊性，导致国有企业同样存在很多问题，如"一股独大"，行政化严重，生产和运营效率低下等。因此，通过混合所有制改革，可以解决国有企业激励不足，系统僵化等问题。

5.1.1 混合所有制改革与资本配置效率

随着国民经济的发展，我国资本市场制度越来越完善，而国有资本的特殊性导致国有企业无法充分发挥市场的调节作用。产权理论认为，私有产权的剩余利润索取权是激励产权人不断提高效益的主要动力，只要产权明晰，且可以自由转

让，就可以通过市场交易来缓解外部不经济①，确保资源配置的有效性。不仅如此，与民营企业相比，国有企业管理者在进行决策时，更倾向于完成既定的任务而不是获取更高的利润，而激励不足也使他们不愿意承担过多的风险。而引入非国有资本不仅能更好地利用灵活的市场机制，激活国有资本的活力，还能加强对企业财务行为的监督和管理，降低企业内部的代理成本，提高国有企业效率。还有不少研究表明，混合所有制改革能够提升企业的盈利能力、产出水平、经营效率等（Shleifer，1997；宋立刚和姚洋，2005；马连福等，2015）。投资效率低下也是制约国有企业绩效的重要原因，国有企业融资渠道丰富，融资成本低廉，拥有充足的资金却不能把它转化成为利润。而通过引入民营资本实现国有企业的股权多元化，充分利用不同性质股东的投资经验和智慧，提高国有企业的投资效率（张栋，2008）。

关于混合所有制改革的意义，国内外的文献基本给出了肯定的意见，也为更进一步的研究奠定了基础。混合所有制企业的资本构成按照所有权归属可以笼统地划分为国有资本、民营资本、外商资本、机构投资者资本、自然人资本，这五类资本相互融合、相互制衡所形成的资本结构是研究混合所有制企业治理的主要依据。不同性质的资本拥有各自的特点和经营目标，在混合所有制企业中各自发挥着不同的作用：（1）民营资本。民营资本能充分发挥市场的调节作用，比国有资本更灵活，更能抓住投资机会，有助于激发国有资本的活力。欧瑞秋等（2014）发现民营化后企业的绩效水平、盈利能力、投资效率都会得到明显提升。（2）外商资本。外商资本由于其资本、技术、管理制度等方面的优势，为中国改革开放作出了重要贡献，也是混合所有制改革的重要力量。时至今日，其依然存在很多值得我们学习的特点，胡一帆等（2006）指出民营股东和外资股东较国有股东而言，对公司生产效率的积极作用更显著。阿·加沃尔等（Aggarwal et al.，2011）则发现，外资股东有更强的积极性对管理者进行监督。（3）机构投资者资本。机构投资者资本也是非国有资本的重要组成部分，由于机构投资者拥有较为雄厚的资金、信息收集和分析、投资理财等方面的能力，通常会参与企业的经营管理。林丽娜（2017）认为机构投资者具有更加专业的水平，可以更准确地获取企业在投资、营运及财务等方面的信息从而更有利于企业投资项目的决策。薄仙慧和吴联生（2009）也发现机构投资者持股比例与民营的正向盈余管理

---

① 外部不经济是指某项活动使社会成本高于个体成本的情形，即某项事务或活动对周围环境造成不良影响，而行为人并未因此而付出任何补偿。

呈显著负相关，但是这一结果在国有企业并不适用。（4）员工个人资本（作为自然人资本的典型代表）。员工持股是一种利益共享、风险共担的长效激励机制，尤其是对缺乏盈利追求的国有资本，可以充分调动员工的主观能动性，提高国有资本的生产和创新能力。黄桂田和张悦（2009）研究发现提高国有企业员工持股比例能提高公司绩效，且提高管理层持股比例对提高公司绩效的影响程度是提高普通员工持股比例对提高公司绩效影响程度的4—6倍。孙即等（2017）也发现提高员工持股比例能使高新技术企业绩效显著提升。（5）多种资本混合。国有企业通过引入多种资本形成的多元股权结构，能够缓解代理冲突，提高监督效率，优化资源配置。卢建词和姜广省（2018）认为多元股权结构能够加强企业监督机制，股东类别和股份的多元化程度越高，现金股利分配强度越高。朱磊等（2019）的研究表明，股权多元化能够提高国有企业的创新能力，且混合股权多样性越高，创新水平越高。综上所述，可以看出混合所有制企业中各种类型的非国有资本都能凭借各自的优势，完善企业治理结构，提高治理效率，优化监督机制。据此提出以下假设：

假设1：限定其他条件不变的情况下，混合股权多样性与资本配置效率显著正相关。

5.1.2 混合所有制改革、股权制衡与资本配置效率

股权过度集中可能带来的危害主要有两点：其一，股权集中意味着对企业控制权的增大，这无疑会降低大股东以权谋私的难度，诱使大股东为了个人利益而损害中小股东的利益；其二，股权集中同样意味着缺乏有效的监督，这使大股东很容易通过关联方交易和利益输送来牟取私利。委托代理理论也认为，股权相对集中很容易导致大股东和中小股东之间产生代理冲突，这都会导致资本配置效率的降低。拉波尔塔等（La Porta et al.，2002）认为，控股股东和小股东的利益不一致，两者之间经常出现严重的利益冲突，控股股东可能牺牲其他股东的利益来追求自身利益，而强力的外部监督，或者外部股东类型多元化能在一定程度上缓解这种冲突。股权制衡理论指出多个大股东的制衡在减少经理人的私人收益的同时，还能保护小股东的利益（Gomes & Novaes，2005）。唐清泉（2005）指出，第二大股东能够对第一大股东的隧道挖掘起到抑制作用。兰秀文和张玲（2017）研究表明，股权制衡能够提高中小股东参与和监督公司经营管理活动的能力。

已有的研究表明，无论是几个大股东互相牵制，还是中小股东联合起来共同制约大股东，都能起到治理作用。一方面是加强对大股东的监督，提高大股东的

侵占成本；另一方面则是加强中小股东对企业的影响，降低大股东侵占行为发生的可能性。公司中非控股股东的制衡能力决定了大股东利用控制权牟取私有收益的难度，股权制衡度的增加也能降低大股东和公司高管合谋的可能性。

对国有企业而言，混合所有制改革带来的不仅是企业股权性质的多元化，还有股权结构的变动，这会对企业的制衡状况产生直接的影响。随着非国有资本的进入，一方面是国有持股比例的下降可能导致股权制衡度的上升；另一方面则是制衡股东性质的多样化。不少学者研究表明，制衡股东性质的不同，能对其治理效果产生影响。刘星和刘伟（2007）发现控股股东与制衡股东为非同一性质时，制衡股东能发挥更好的制衡效果；反之，股权制衡的治理作用就不显著，而这种现象在国有企业中更加明显。同为国有股东，大股东拥有更强的控制权和政治关系，制衡股东很难发挥其制约作用。同时，国有股东之间的利益冲突并不强烈，制衡股东缺乏足够的动力去纠正大股东的决策，而异质的制衡股东不仅有更高的积极性，还能降低大股东之间合谋的可能性，提高制衡效率。涂国前和刘峰（2010）以民营企业为研究对象，发现与国有制衡股东相比，民营制衡股东拥有更强的制衡作用，但政治关联会削弱制衡的效果。因为民营资本是以股东利益最大化为目标的，为了防止自身的利益受到侵害，为了获取更高的回报，其更有动力去监督大股东的行为，积极地参与公司的投资决策，缓解国有企业因监督和激励不足而导致的过度投资，提高资本配置效率。

综上所述，国有企业通过混合所有制改革形成的多元股权结构，能充分发挥异质股东的制衡作用，抑制企业的非效率投资行为，提高资本配置效率。因此提出以下假设：

假设2：限定其他条件不变的情况下，股权制衡对混合股权多样性与资本配置效率的关系起正向中介作用。

5.2 研究设计

5.2.1 样本选择

中国国有资产监督管理委员会成立于2003年，之后，国有企业之间的交叉持股现象开始增加，我国上市公司的终极控制人性质等信息披露开始不断完善，也为本书研究提供了可靠的数据来源。因此，本书选取了2003—2018年沪深两市A股上市公司的年度数据作为初始样本，根据本书研究问题的需要，并按照以下顺序进行整理：（1）考虑到金融保险业的行业特殊性，剔除金融保险业上市公司数据；（2）剔除 ST 公司、PT 公司；（3）剔除数据缺失的上市公司数据；（4）剔除资不抵债以及总资产为负等财务状况异常的样本；（5）因探究的是国有企业混合所有制改革之后股权结构的动态变化，因此，剔除了 2003 年当年为非国有企业的样本。最终保留 2003—2018 年的面板数据并获得 9936 个观测值。

其中混合所有制改革的相关数据通过手工筛选上市公司年报、金融网站中前十大股东数据，并结合 CSMAR 数据库和 WIND 数据库中前十大股东持股数据逐一判断每个企业年报中披露的前十大股东性质。其他财务数据主要来源于 CSMAR 数据库和 WIND 数据库，数据处理和统计分析主要运用 Excle 和 Stata14.0 分析软件。最后对所有连续变量进行了上下 1% 的 winsorize 处理以消除数据异常值对研究结论的干扰。

5.2.2 变量定义

（1）混合股权多样性。手工筛选定期报告、金融网站中前十大股东数据，并结合 CSMAR 数据库和 WIND 数据库中前十大股东持股数据逐一判断每个企业年报中披露的前十大股东性质。借鉴马连福等（2015）和杨兴全和尹兴强（2018）等的做法，将上市公司前十大股东性质划分为国有股东、外资股东、民营股东、机构投资者、自然人以及其他六类[①]。混合股权多样性（$MIXN$）即不同股东类型的数量，当只存在一种性质时 $MIXN$ 取值为 1，存在两种性质时取值为 2，依此类推，当存在 6 种性质时，$MIXN$ 取值为 6。

（2）股权制衡。结合混合所有制企业股权结构的多样性，本书借鉴涂国前和刘峰（2010）的研究，使用异质股权制衡作为股权制衡的替代度量。异质股权

---

① 第一，国有股东，具体包括国家通过政府相关部门如国有资产管理局直接控制所形成的股东，或通过国家控制的实业公司和政府独资的投资管理公司所形成的股东（剔除国有机构投资者，如"四大"国有金融资产管理公司）。

第二，外资股东，依照相关法律在境外设立的法人企业（包括中国港澳台地区法人企业及国外法人企业）、外商投资企业或境外自然人持有的中国上市公司股票所形成的股东（剔除外资机构投资者）。

第三，民营企业，我国境内属于非公有制法人（如非政府机构、事业单位及金融机构等）的民营企业进行投资形成的股东（剔除民营机构投资者）。

第四，机构投资者，金融市场中从事证券投资的法人机构进行投资所形成的股东，具体包括 LOF、QFII、保险、基金及证券公司与金融机构等。

第五，自然人，定义为我国境内的自然人进行投资所形成的股东。

第六，其他，除上述 5 类性质以外的其他股东，具体包括研究所、高校等事业单位、社会组织及非营利性机构等。

制衡（HSR）的度量，即当制衡股东（即第二大股东）与大股东性质不一致时，HSR 取值为 1，否则为 0。

（3）资本配置效率。本书研究混合所有制改革对企业微观层面资本配置效率的影响，因此使用投资效率作为资本配置效率的替代变量，并使用非效率投资来度量。

非效率投资（IINV）。根据理查德森（Richardson，2006）、辛清泉等（2007）等的研究，使用预期投资模型 3-1 估计非效率投资。通过面板数据固定效应模型估计方程 3-1，并计算各个企业年度的预期投资（拟合值）和剩余投资（残差 μ）。如果剩余投资大于 0，表明公司实际投资大于预期投资水平，公司存在过度投资，正残差即为过度投资（$OINV_{it}$），残差为负则 $OINV_{it}$ 取值为 0；剩余投资量小于 0，表明公司实际投资小于预期投资水平，公司存在投资不足，负残差值取绝对值后记为投资不足（$UINV_{it}$），残差为正则 $UINV_{it}$ 取值为 0。

（4）其他变量。本书借鉴查德森（Richardson，2006）、陈德球等（2012）的研究，控制了部分可能影响资本配置效率的因素，具体包括资产负债率（LEV）、企业规模（SIZE）、盈利能力（ROE）、大股东持股比例（First）、最终控制人性质（Control）、公司成长性（Growth）、管理费用率（OER）、事务所规模（BIG4）、市场化程度（MKT）、董事会规模（Board）、大股东占款率（MSE）等，此外，还包括行业和年度虚拟变量，详见表 5-1 变量定义。

表 5-1　　　　　　　　　　变量定义

变量类别	变量符号	变量名称	说明
被解释变量	OIINV	过度投资	取模型 3-1 回归结果残差为正的部分，其余为 0
	UIINV	投资不足	取模型 3-1 回归结果残差为负的部分的绝对值，其余为 0
解释变量	MIXN	混合股权多样性	十大股东性质的种类数
中介变量	HSR	异质股权制衡	当第一和第二大股东性质不一致时取值为 1，否则为 0
控制变量	SIZE	公司规模	总资产的自然对数
	LEV	资产负债率	总负债÷总资产
	ROE	盈利能力	税后利润÷平均净资产
	First	大股东持股比例	第一大股东持股比例
	Control	最终控制人性质	最终控制人性质为国有则取值为 1，否则为 0
	Growth	公司成长性	营业收入增长额÷上期末总资产
	OER	管理费用率	管理费用÷营业收入

续表

变量类别	变量符号	变量名称	说明
被解释变量	BIG4	事务所规模	会计师事务所为"国际四大"则取值为1,否则为0
	MSE	大股东占款率	其他应收款÷年末净资产
	Board	董事会规模	董事会人数取自然对数
	MKT	市场化程度	市场化程度高于行业中值则取值为1,否则为0
	Ind	行业	行业虚拟变量
	Year	年度	年度虚拟变量

5.2.3 模型构建

(1) 为了检验假设1,即混合股权多样性对资本配置效率的影响,本书借鉴前人研究成果构建模型如模型5-1所示:

$$IINV_{it} = \alpha_0 + \alpha_1 MIXN_{it} + \sum \alpha_{i+1} X_{it} + \varepsilon \qquad 模型（5-1）$$

其中,被解释变量 $IINV_{it}$ 表示非效率投资,从过度投资($OINV_{it}$)和投资不足($UINV_{it}$)两个角度进行度量,主要解释变量 $MIXN_{it}$ 表示混合股权多样性,X 表示控制变量组合,具体包括公司规模($SIZE_{it}$)、资产负债率(LEV_{it})、盈利能力(ROE_{it})、公司成长性($Growth_{it}$)、最终控制人性质($Control_{it}$)、管理费用率(OER_{it})、会计师事务所规模($BIG4_{it}$)、董事会规模($Board_{it}$)、市场化程度(MKT_{it})以及行业和年度虚拟变量。

(2) 为了检验假设2,即异质股权制衡对混合股权多样性与资本配置效率的中介作用,本书借鉴前人研究成果构建模型如下:

$$IINV_{it} = \theta_0 + \theta_1 HSR_{it} + \sum \theta_{i+1} X_{it} + \varepsilon \qquad 模型（5-2）$$

$$HSR_{it} = \beta_0 + \beta_1 MIXN_{it} + \sum \beta_{i+1} X_{it} + \varepsilon \qquad 模型（5-3）$$

$$IINV_{it} = \gamma_0 + \gamma_1 MIXN_{it} + \gamma_2 HSR_{it} + \sum \theta_{i+2} X_{it} + \varepsilon \qquad 模型（5-4）$$

其中,被解释变量 $IINV_{it}$ 表示非效率投资,从过度投资($OINV_{it}$)和投资不足($UINV_{it}$)两个角度进行度量,主要解释变量 $MIXN_{it}$ 表示混合股权多样性,中介变量 HSR_{it} 表示异质股权制衡,X 表示控制变量组合,模型5-2中控制变量同上,模型5-3和模型5-4中控制变量新增大股东持股比例($First_{it}$)、大股东占款率(MSE_{it}),其他同上。

5.3 实证分析

5.3.1 描述性统计

表 5-2 列示了模型各变量的描述性统计结果：过度投资（$OINV$）的均值为 0.0267，标准差为 0.06，最大值和最小值分别为 0.3624 和 0。投资不足（$UINV$）的均值为 0.0273，标准差为 0.0375，最大值和最小值分别为 0.1854 和 0，这说明国有企业过度投资和投资不足程度相近，但不同企业间的过度投资差异较大，而投资不足差异性较低。混合股权多样性（$MIXN$）的均值为 3.2395，标准差为 0.8611，说明在国有上市公司中平均存在三种及以上不同性质的股东。异质股权制衡（HSR）的均值为 0.3448，这说明只有 34.48% 的国有上市公司存在异质股权制衡的情况。

在控制变量方面，企业规模（$SIZE$）均值为 22.1462，标准差为 1.3083，说明国有企业规模分布较为平均。公司成长性（$Growth$）均值为 0.1916，中值为 0.1051，说明国有上市公司的经营状况大体是稳步上升的。最终控制人（$Control$）的均值为 0.867，说明有 13.3% 的国有上市公司的控制权发生了转移。会计师事务所规模（$BIG4$）的均值为 0.0797，说明仅有 7.97% 的国有上市公司的审计师来自"国际四大"会计师事务所。大股东持股比例（$First$）均值为 38.5871，再结合股权制衡来看，说明国有上市公司大股东普遍拥有较强的控制力。

表 5-2 描述性统计

变量	样本量	均值	标准差	最小值	最大值	25%分位数	50%分位数	75%分位数
$OINV$	9936	0.0267	0.0600	0	0.3624	0	0	0.0250
$UINV$	9936	0.0273	0.0375	0	0.1854	0	0.0132	0.0417
$MIXN$	9936	3.2395	0.8611	1	6	3	3	4
HSR	9936	0.3448	0.4753	0	1	0	0	1
$SIZE$	9936	22.1462	1.3083	19.0265	25.8203	21.2228	21.9989	22.9449
LEV	9936	0.5134	0.1887	0.0814	0.9986	0.3827	0.5235	0.6528
ROE	9936	0.0127	1.0171	-53.9594	3.7092	0.0215	0.0605	0.1092
$Growth$	9936	0.1916	0.5363	-0.6576	3.9244	-0.0292	0.1051	0.2753
$Control$	9936	0.8670	0.3396	0	1	1	1	1

续表

变量	样本量	均值	标准差	最小值	最大值	25%分位数	50%分位数	75%分位数
OER	9936	0.0890	0.0802	0.0075	0.5263	0.0404	0.0696	0.1084
BIG4	9936	0.0797	0.2708	0	1	0	0	0
Board	9936	1.3685	0.3041	0.6931	2.1972	1.0986	1.0986	1.6094
MKT	9936	0.6524	0.4762	0	1	0	1	1
First	9936	38.5871	15.7967	10.2500	76.9500	25.7765	37.1900	50.4300
MSE	9936	0.0791	0.1589	0.0004	1.0830	0.0089	0.0259	0.0737

5.3.2 相关性分析

表 5-3 列示了模型主要变量之间的 Pearson 相关系数。混合股权多样性（MIXN）与过度投资（OINV）之间的相关系数显著为负，这说明混合股权多样性能够抑制企业的过度投资，提高资本配置效率，与本书预期相符。异质股权制衡（HSR）与过度投资（OINV）之间的相关系数显著为负，这表明异质股权制衡则能抑制过度投资。混合股权多样性（MIXN）与投资不足（UINV）之间的相关系数显著为正，这说明混合股权多样性越高，企业投资不足越严重。

在控制变量方面，公司规模（SIZE）、资产负债率（LEV）、最终控制人（Control）与过度投资（OINV）之间的相关系数均显著为负，说明公司规模越大、资产负债率越高、最终控制人为国有时，公司过度投资越少，资本配置效率越高。大股东持股比例（First）、公司成长性（Growth）与过度投资（OINV）之间的相关系数均显著为正，说明大股东持股比例越高、公司成长性越好，过度投资越严重。公司规模（SIZE）、资产负债率（LEV）、公司成长性（Growth）、最终控制人（Control）、会计师事务所规模（BIG4）、董事会规模（Board）与投资不足（UINV）之间的相关系数显著为负，说明公司规模越大、资产负债率越高、公司成长性越好、最终控制人为国有、会计师事务所为"国际四大"时，董事会规模越大，公司投资不足越少，资本配置效率越高。管理费用率（OER）与投资不足（UINV）之间的相关系数显著为正，这说明管理费用率越高，企业投资不足越严重。通过方差膨胀因子 VIF 检测，平均 VIF 值为 3.08，表明各变量之间不存在严重的多重共线性问题。

第5章 混合所有制改革、股权制衡与资本配置效率的实证检验

表 5 – 3　相关性分析

变量	OINV	UINV	MIXN	HSR	SIZE	LEV	ROE	Growth	Control	OER	BIG4	Board	MKT	First	MSE
OINV	1														
UINV	-0.325***	1													
MIXN	-0.032***	0.036***	1												
HSR	-0.030***	0.013	0.154***	1											
SIZE	0.041***	-0.160***	-0.190***	-0.085***	1										
LEV	0.013	-0.194***	-0.039*	-0.019*	0.317***	1									
ROE	0.022**	0.008	-0.021**	-0.020**	0.053***	-0.115***	1								
Growth	0.238***	-0.068***	-0.018*	-0.036***	0.047***	0.057***	0.046***	1							
Control	-0.054***	-0.030***	-0.095***	-0.057***	0.109***	0.014	-0.002	-0.066***	1						
OER	-0.008	0.148***	0.071***	0.044***	-0.328***	-0.171***	-0.109***	-0.141***	-0.063***	1					
BIG4	0.003	-0.040***	-0.041***	0	0.303***	0.006	0.022**	-0.003	0.029***	-0.080***	1				
Board	0.009	-0.020**	-0.029***	-0.067***	0.156***	0.054***	0.006	-0.019*	0.190***	-0.064***	0.108***	1			
MKT	0	-0.010	0.051***	0.008	0.040***	0.029***	0.016	-0.013	-0.017*	-0.092***	0.061***	0.011	1		
First	0.015	-0.016	-0.143***	-0.057***	0.161***	-0.020**	0.026**	0.056***	0.196***	-0.146***	0.132***	0.065***	-0.003	1	
MSE	-0.062***	0.012	0.061***	0.009	-0.114***	0.337***	-0.193***	-0.008	-0.034***	0.160***	-0.055***	-0.012	-0.005	-0.057***	1

注：*、** 和 *** 分别表示在10%、5%和1%的水平上显著。

5.3.3 多元回归分析

表5-4列示了模型5-1、模型5-2、模型5-3和模型5-4的Tobit回归结果，各模型整体显著。从表5-4第一列的回归结果可以看出：混合股权多样性（MIXN）的系数在5%的水平上显著为负，这表明国有企业混合股权多样性的增加能够抑制过度投资，提高资本配置效率，这一结果支持了本书假设1。从表5-4第二列的回归结果可以看出：异质股权制衡（HSR）的系数在5%的水平上显著为负，这表明异质股权制衡能够抑制过度投资。从表5-4第三列的回归结果可以看出：混合股权多样性（MIXN）的系数在1%的水平上为正，这表明国有企业混合股权多样性的提高能使企业更容易形成异质股权制衡的结构。从表5-4第四列的回归结果可以看出：混合股权多样性（MIXN）与异质股权制衡（HSR）的系数均在10%的水平上显著为负，这说明股权制衡对混合股权多样性与过度投资之间的关系起正向中介作用，这一结果支持本书假设2。从表5-4第五列的回归结果可以看出：混合股权多样性（MIXN）的系数不显著，这表明国有企业混合股权多样性不能显著影响企业的投资不足。从表5-4第六列的回归结果可以看出：异质股权制衡（HSR）的系数不显著，这表明异质股权制衡不能显著影响企业的投资不足。从表5-4第七列的回归结果可以看出：混合股权多样性（MIXN）的系数在1%的水平上为正，这表明国有企业混合股权多样性的提高能使企业更容易形成异质股权制衡的结构。从表5-4第八列的回归结果可以看出：混合股权多样性（MIXN）与异质股权制衡（HSR）的系数均不显著，这表明异质股权制衡对混合股权多样性与投资不足之间的关系没有中介作用。对比过度投资与投资不足两组的回归结果可以看出：混合股权多样性主要通过抑制企业的过度投资行为来提高资本的配置效率，而对投资不足没有显著的影响。

表5-4最后一行列示了Sobel中介效应检验的统计结果，其中异质股权制衡（HSR）对过度投资（OINV）的中介效应占总效应的12.75%且在5%的水平上为正，而异质股权制衡（HSR）对投资不足（UINV）的中介效应并不显著。这一步说明混合股权多样性主要通过抑制企业的过度投资行为来提高资本的配置效率，而对投资不足没有显著的影响。

在控制变量方面，企业规模（SIZE）与过度投资（OINV）之间的系数显著为正，这说明企业规模越大，可用自由现金流越多，越有可能产生过度投资行为。资产负债率（LEV）与过度投资（OINV）之间的系数显著为正，这说明企业资产负债率越高，还款压力越大，风险越高，企业管理者更有可能作出过度投资的决策。盈利能力（ROE）与过度投资（OINV）之间的系数显著为正，这说明企业盈利能力越强，留存收益可能越多，越有可能产生过度投资行为。公司成长性（Growth）与过度投资（OINV）之间的系数显著为正，这说明企业成长性越好，企业的经营状况越好，留存收益可能越多，越有可能产生过度投资行为。

表 5-4 假设 1 和假设 2 的回归结果

变量	过度投资				投资不足			
	模型 5-1 OIINV	模型 5-2 OIINV	模型 5-3 HSR	模型 5-4 OIINV	模型 5-1 UIINV	模型 5-2 UIINV	模型 5-3 HSR	模型 5-4 UIINV
MIXN	-0.0033** (-2.11)		0.3629*** (13.98)	-0.0030* (-1.93)	0.0010 (1.44)		0.3629*** (13.98)	0.0011 (1.58)
HSR		-0.0057** (-2.01)		-0.0049* (-1.72)		0.0004 (0.34)		0.0002 (0.19)
SIZE	0.0102*** (7.16)	0.0105*** (7.50)	-0.1084*** (-4.62)	0.0098*** (6.77)	-0.0042*** (-7.05)	-0.0044*** (-7.33)	-0.1084*** (-4.62)	-0.0041*** (-6.76)
LEV	0.0232*** (2.82)	0.0229*** (2.79)	0.2838** (2.04)	0.0434*** (4.93)	-0.0403*** (-11.94)	-0.0402*** (-11.92)	0.2838** (2.04)	-0.0472*** (-12.92)
ROE	0.0028* (1.73)	0.0028* (1.72)	-0.0089 (-0.43)	0.0013 (0.81)	-0.0001 (-0.26)	-0.0002 (-0.27)	-0.0089 (-0.43)	0.0003 (0.51)
Growth	0.0449*** (18.55)	0.0448*** (18.51)	-0.1129*** (-2.64)	0.0447*** (18.54)	-0.0097*** (-7.97)	-0.0097*** (-7.98)	-0.1129*** (-2.64)	-0.0096*** (-7.93)
Control	-0.0253*** (-6.22)	-0.0252*** (-6.20)	-0.1725*** (-2.69)	-0.0261*** (-6.39)	0.0000 (0.01)	-0.0001 (-0.06)	-0.1725*** (-2.69)	-0.0001 (-0.05)
OER	0.0094 (0.48)	0.0097 (0.50)	0.2403 (0.81)	0.0234 (1.19)	0.0517*** (6.72)	0.0517*** (6.72)	0.2403 (0.81)	0.0465*** (5.94)
BIG4	-0.0049 (-0.95)	-0.0049 (-0.95)	0.2791*** (3.30)	-0.0040 (-0.77)	-0.0008 (-0.34)	-0.0007 (-0.33)	0.2791*** (3.30)	-0.0010 (-0.46)
Board	0.0012 (0.26)	0.0006 (0.13)	-0.3154*** (-4.22)	0.0000 (0.00)	0.0010 (0.51)	0.0011 (0.55)	-0.3154*** (-4.22)	0.0012 (0.63)
MKT	0.0021 (0.75)	0.0020 (0.70)	0.0770* (1.67)	0.0022 (0.78)	-0.0003 (-0.25)	-0.0002 (-0.19)	0.0770* (1.67)	-0.0002 (-0.19)
First			-0.0002 (-0.16)	-0.0003*** (-2.84)			-0.0002 (-0.16)	0.0001** (2.53)
MSE			-0.0167 (-0.11)	-0.0701*** (-6.81)			-0.0167 (-0.11)	0.0227*** (5.50)
截距项	-0.2265*** (-6.89)	-0.2418*** (-7.70)	1.0081* (1.90)	-0.2021*** (-6.13)	0.1226*** (8.85)	0.1282*** (9.67)	1.0081* (1.90)	0.1154*** (8.31)
年份	控制	控制	控制	控制	控制	控制	控制	控制

续表

变量	过度投资				投资不足			
	模型 5-1 OIINV	模型 5-2 OIINV	模型 5-3 HSR	模型 5-4 OIINV	模型 5-1 UIINV	模型 5-2 UIINV	模型 5-3 HSR	模型 5-4 UIINV
行业	控制	控制	控制	控制	控制	控制	控制	控制
观测值	9936	9936	9936	9936	9936	9936	9936	9936
Adj_R^2	0.5456	0.5453	0.0356	0.5957	0.0603	0.0602	0.0356	0.0633
F	623.2908***	622.8979***	466.6847***	680.4873***	726.3236***	724.3794***	466.6847***	762.0434***
Sobel test	—	—	0.1275**		—	—		-0.0927

注：*、** 和 *** 分别表示在 10%、5% 和 1% 的水平上显著，括号内为 T 值，所有 T 值均经过公司层面的 cluster 调整。

5.3.4 进一步测试

（1）大股东控制权转移分组检验。通过前文实证分析结果可知，混合股权多样性主要通过抑制企业过度投资来提高资本的配置效率，而异质股权制衡作为其中介变量起着较为关键的作用。但国有企业经过混合所有制改革之后，还存在大股东控制权发生转移的情况，即大股东的性质由国有转变为非国有，此时的异质股权制衡也由非国有制衡股东转变为国有制衡股东，在这种情况下，国有制衡股东是否也能发挥出更强的制衡作用呢。基于此，本部分按照大股东性质的不同分为控制权转移和控制权未转移两组，分别对混合股权多样性、异质股权制衡与过度投资之间的关系进行进一步回归分析。

表 5-5 列示了模型 5-1、模型 5-2、模型 5-3 和模型 5-4 在控制权转移和控制权未转移两组中的回归结果。从表 5-5 第一列的回归结果可以看出：在控制权未转移的分组中，混合股权多样性（MIXN）的系数在 1% 的水平上显著为负，这表明国有企业混合股权多样性的增加能够抑制过度投资，提高资本配置效率，这一结果支持了本书假设 1。在控制权未转移的分组中，从表 5-5 第二列的回归结果可以看出：异质股权制衡（HSR）的系数在 5% 的水平上显著为负，这表明异质股权制衡能够抑制过度投资。从表 5-5 第三列的回归结果可以看出：在控制权未转移的分组中，混合股权多样性（MIXN）的系数在 1% 的水平上为正，这表明国有企业混合股权多样性的提高能使企业更容易形成异质股权制衡的结构。从表 5-5 第四列的回归结果可以看出：在控制权未转移的分组中，混合股权多样性（MIXN）的系数在 1% 的水平上显著为负，异质股权制衡（HSR）的系数在 10% 的水平上显著为负，这说明股权制衡对混合股权多样性与过度投

资之间的关系起正向中介作用,这一结果支持本书假设2。从表5-5第五列到第八列的回归结果可以看出:混合股权多样性(MIXN)与异质股权制衡(HSR)的系数均不显著,这说明当国有企业大股东控制权发生转移之后,混合股权多样性与异质股权制衡均不能显著抑制企业的过度投资,异质股权制衡也不再对混合股权多样性与过度投资之间的关系起中介作用。国有企业由于缺乏融资约束,导致其投资效率的低下,因而需要引入非国有股东参与监督和管理,通过抑制过度投资来提高资本的配置效率。但当大股东为非国有时,其本身具有较强的盈利倾向,更多不同性质的股东很可能因为利益不一致而产生更高的代理成本,从而无法起到抑制非效率投资的作用。

表5-5 进一步测试(1)

变量	控制权未转移				控制权转移			
	模型5-1 OIINV	模型5-2 OIINV	模型5-3 HSR	模型5-4 OIINV	模型5-1 OIINV	模型5-2 OIINV	模型5-3 HSR	模型5-4 OIINV
MIXN	-0.0047*** (-2.82)		0.4080*** (14.25)	-0.0045*** (-2.65)	0.0043 (0.89)		0.0467 (0.66)	0.0043 (0.89)
HSR		-0.0072** (-2.38)		-0.0058* (-1.92)		0.0089 (1.06)		0.0087 (1.04)
SIZE	0.0097*** (6.39)	0.0102*** (6.84)	-0.1482*** (-5.66)	0.0091*** (5.89)	0.0161*** (3.60)	0.0156*** (3.50)	0.1403** (2.15)	0.0158*** (3.52)
LEV	0.0313*** (3.60)	0.0304*** (3.50)	0.0947 (0.62)	0.0535*** (5.76)	-0.0161 (-0.64)	-0.0181 (-0.72)	1.0153*** (2.58)	-0.0218 (-0.80)
ROE	0.0028* (1.73)	0.0027* (1.69)	-0.0117 (-0.56)	0.0011 (0.70)	0.0013 (0.15)	0.0008 (0.09)	0.0662 (0.43)	0.0013 (0.15)
Growth	0.0425*** (15.10)	0.0426*** (15.14)	-0.0661 (-1.28)	0.0423*** (15.09)	0.0493*** (9.56)	0.0498*** (9.65)	-0.2140** (-2.51)	0.0495*** (9.56)
Control	-0.0015 (-0.13)	-0.0023 (-0.20)	-0.7778*** (-4.21)	0.0000 (0.00)	-0.0213* (-1.67)	-0.0223* (-1.74)	0.7079*** (3.72)	-0.0221* (-1.71)
OER	0.0092 (0.43)	0.0097 (0.46)	-0.0986 (-0.29)	0.0289 (1.35)	0.0126 (0.24)	0.0102 (0.19)	3.1234*** (3.93)	0.0089 (0.16)
BIG4	-0.0042 (-0.78)	-0.0041 (-0.77)	0.3856*** (4.20)	-0.0028 (-0.53)	-0.0079 (-0.45)	-0.0070 (-0.39)	-0.4179 (-1.60)	-0.0075 (-0.42)
Board	0.0044 (0.93)	0.0035 (0.75)	-0.3710*** (-4.63)	0.0030 (0.64)	-0.0326* (-1.90)	-0.0327* (-1.90)	0.2090 (0.86)	-0.0327* (-1.90)
MKT	0.0025 (0.85)	0.0022 (0.74)	0.0068 (0.14)	0.0024 (0.82)	-0.0038 (-0.42)	-0.0047 (-0.51)	0.3867*** (2.89)	-0.0048 (-0.53)

续表

变量	控制权未转移				控制权转移			
	模型 5-1 OIINV	模型 5-2 OIINV	模型 5-3 HSR	模型 5-4 OIINV	模型 5-1 OIINV	模型 5-2 OIINV	模型 5-3 IISR	模型 5-4 OIINV
First			0.0002 (0.13)	-0.0003*** (-3.08)			0.0017 (0.41)	0.0001 (0.35)
MSE			0.0080 (0.05)	-0.0847*** (-7.61)			-0.1537 (-0.34)	0.0067 (0.24)
截距项	-0.2449*** (-6.56)	-0.2665*** (-7.44)	2.3977*** (3.84)	-0.2142*** (-5.74)	-0.3237*** (-3.14)	-0.3048*** (-3.01)	-3.2627** (-2.03)	-0.3246*** (-3.14)
年份	控制	控制	控制	控制	控制	控制	控制	控制
行业	控制	控制	控制	控制	控制	控制	控制	控制
观测值	8604	8604	8604	8604	1332	1332	1332	1332
Adj_R^2	0.5620	0.5593	0.0437	0.6468	0.6714	0.6727	0.0965	0.6765
F	473.3296***	471.0594***	482.4003***	544.6948***	163.8506***	164.1751***	188.2287***	165.1076***

注：*、**和***分别表示在10%、5%和1%的水平上显著，括号内为T值，所有T值均经过公司层面的cluster调整。

（2）市场化程度分组检验。由于中国资本市场处于弱势有效阶段，相关的法规和制度都不完善，不同地区的外部环境差距较大，因此，本部分进一步从外部环境的角度来考察股权制衡对资本配置效率的影响是否因市场化程度的不同而存在差异。现有研究从不同视角发现，资本配置效率受到地区金融水平的影响。沃格勒（Wurgler，2000）以世界65个国家的行业数据为样本，实证检验了金融市场发展与资本配置效率的关系，研究发现用股票市场和信贷市场规模之和占GDP的比例衡量的一国的金融发展程度与资本配置效率显著正相关，并且信贷市场规模和股票市场规模也都与资本配置效率正相关。蒲艳萍和成肖（2014）发现市场化程度、资本市场流动性等金融水平能够提升行业资本配置效率。熊家财和苏冬蔚（2014）认为，股票流动性主要通过降低代理成本和提升股价信息含量等机制改善资本配置效率。可以看出，金融发展水平高、法制环境好的地方，资本配置效率更高，在这种环境下，混合股权多样性与股权制衡对资本配置效率的提高作用可能更强。基于此，本部分参考王小鲁等（2017）发布的"中国分省份市场化指数报告（2016）"，使用"金融市场化程度"作为市场化程度（MKT）的衡量变量，并按照年度中位数把市场化程度分为两组，分别对混合股权多样性、异质股权制衡与过度投资之间的关系进行进一步回归分析。

表 5-6 列示了模型 5-1、模型 5-2、模型 5-3 和模型 5-4 在市场化程度高和低两组中的回归结果。从表 5-6 第一列的回归结果可以看出：在市场化程度高的分组中，混合股权多样性（MIXN）的系数在 5% 的水平上显著为负，这表明国有企业混合股权多样性的增加能够抑制过度投资，提高资本配置效率，这一结果支持了本书假设 1。在市场化程度高的分组中，从表 5-6 第二列的回归结果可以看出：异质股权制衡（HSR）的系数在 10% 的水平上显著为负，这表明异质股权制衡能够抑制过度投资。从表 5-6 第三列的回归结果可以看出：在市场化程度高的分组中，混合股权多样性（MIXN）的系数在 1% 的水平上为正，这表明国有企业混合股权多样性的提高能使企业更容易形成异质股权制衡的结构。从表 5-6 第四列的回归结果可以看出：在市场化程度高的分组中，混合股权多样性（MIXN）的系数在 5% 的水平上显著为负，异质股权制衡（HSR）的系数在 10% 的水平上显著为负，这说明股权制衡对混合股权多样性与过度投资之间的关系起正向中介作用，这一结果支持本书假设 2。从表 5-6 第五列、第七列和第八列的回归结果可以看出：混合股权多样性（MIXN）与异质股权制衡（HSR）的系数均不显著，这说明当企业所处地区市场化程度较低时，混合股权多样性与异质股权制衡均不能显著抑制企业的过度投资，异质股权制衡也不再对混合股权多样性与过度投资之间的关系起中介作用。对比两组结果可以看出，处于市场化程度较高地区的企业对投资效率的敏感性更强，市场化程度的提高能加强混合股权多样性与异质股权制衡对过度投资的抑制作用。

表 5-6 进一步测试（2）

变量	市场化程度高				市场化程度低			
	模型 5-1 OIINV	模型 5-2 OIINV	模型 5-3 HSR	模型 5-4 OIINV	模型 5-1 OIINV	模型 5-2 OIINV	模型 5-3 HSR	模型 5-4 OIINV
MIXN	-0.0040** (-2.20)		0.3482*** (11.51)	-0.0037** (-1.97)	-0.0047 (-1.47)		0.3838*** (7.27)	-0.0047 (-1.45)
HSR		-0.0062* (-1.93)		-0.0054* (-1.66)		-0.0058 (-1.02)		-0.0046 (-0.80)
SIZE	0.0110*** (6.60)	0.0115*** (6.99)	-0.0594** (-2.13)	0.0109*** (6.45)	0.0110*** (3.95)	0.0113*** (4.11)	-0.2221*** (-4.80)	0.0096*** (3.37)
LEV	0.0118 (1.24)	0.0117 (1.23)	0.3513** (2.13)	0.0298*** (2.92)	0.0423*** (2.60)	0.0409** (2.52)	0.0471 (0.17)	0.0700*** (3.98)
ROE	0.0036 (1.41)	0.0036 (1.41)	-0.0280 (-0.68)	0.0021 (0.81)	0.0019 (0.92)	0.0018 (0.90)	-0.0125 (-0.51)	0.0001 (0.06)

续表

变量	市场化程度高				市场化程度低			
	模型5-1 OIINV	模型5-2 OIINV	模型5-3 HSR	模型5-4 OIINV	模型5-1 OIINV	模型5-2 OIINV	模型5-3 HSR	模型5-4 OIINV
Growth	0.0388*** (13.45)	0.0388*** (13.46)	-0.0618 (-1.21)	0.0389*** (13.53)	0.0580*** (13.08)	0.0578*** (13.01)	-0.2305*** (-2.77)	0.0572*** (12.93)
Control	-0.0163*** (-3.35)	-0.0164*** (-3.37)	-0.1909** (-2.46)	-0.0175*** (-3.59)	-0.0446*** (-5.86)	-0.0437*** (-5.77)	-0.1317 (-1.10)	-0.0454*** (-5.95)
OER	0.0273 (1.16)	0.0287 (1.22)	0.7152** (1.96)	0.0416* (1.75)	-0.0071 (-0.20)	-0.0083 (-0.23)	-0.1898 (-0.34)	0.0127 (0.35)
BIG4	-0.0101* (-1.78)	-0.0100* (-1.76)	0.2569*** (2.72)	-0.0090 (-1.60)	0.0096 (0.75)	0.0086 (0.67)	0.0340 (0.15)	0.0104 (0.81)
Board	0.0031 (0.59)	0.0025 (0.46)	-0.2265** (-2.57)	0.0021 (0.40)	-0.0038 (-0.43)	-0.0044 (-0.49)	-0.5217*** (-3.51)	-0.0041 (-0.45)
First			-0.0026 (-1.50)	-0.0003*** (-2.77)			0.0085*** (2.78)	-0.0001 (-0.63)
MSE			0.1002 (0.55)	-0.0638*** (-5.42)			-0.2103 (-0.62)	-0.0900*** (-4.26)
截距项	-0.2458*** (-6.15)	-0.2661*** (-6.96)	0.4932 (0.75)	-0.2283*** (-5.71)	-0.2120*** (-3.52)	-0.2327*** (-4.05)	2.5469** (2.55)	-0.1726*** (-2.85)
年份	控制	控制	控制	控制	控制	控制	控制	控制
行业	控制	控制	控制	控制	控制	控制	控制	控制
观测值	6485	6485	6485	6485	3451	3451	3451	3451
Adj_R^2	0.6387	0.6368	0.0352	0.7049	0.6023	0.6002	0.0665	0.6391
F	379.1188***	377.9937***	330.4253***	418.4497***	321.5795***	320.4758***	244.8481***	341.2631***

注：*、** 和 *** 分别表示在10%、5%和1%的水平上显著，括号内为T值，所有T值均经过公司层面的cluster调整。

（3）混合所有制改革的政策变更。2013年11月，党的十八届三中全会明确提出"积极发展混合所有制经济"，并强调"国有资本、集体资本和非公有资本等交叉持股、相互融合的混合所有制经济是基本经济制度的重要体现形式"，这与以往的"股份制改革"有了较大的不同，赋予了混合所有制新的内涵。随着政策的变更，我国国有企业混合所有制改革的推行力度也得到了相应的增强，这也会对国有企业的改革效果带来影响。因此，为了进一步研究政策变更对混合股权多样性、股权制衡与过度投资之间关系的影响，本部分构建模型5-5、模型5-6、模型5-7、模型5-8和模型5-9。

$$OINV_{it} = \alpha_0 + \alpha_1 MIXN_{it} + \alpha_2 PC_{it} + \alpha_3 MIXN_{it} \times PC_{it} + \sum \alpha_{i+3} X_{it} + \varepsilon$$

模型（5-5）

$$OINV_{it} = \theta_0 + \theta_1 HSR_{it} + \theta_2 PC_{it} + \theta_3 HSR_{it} \times PC_{it} + \sum \theta_{i+3} X_{it} + \varepsilon \quad 模型（5-6）$$

$$HSR_{it} = \beta_0 + \beta_1 MIXN_{it} + \beta_2 PC_{it} + \beta_3 MIXN_{it} \times PC_{it} + \sum \beta_{i+3} X_{it} + \varepsilon \quad 模型（5-7）$$

$$OINV_{it} = \gamma_0 + \gamma_1 MIXN_{it} + \gamma_2 HSR_{it} + \gamma_3 PC_{it} + \gamma_4 MIXN_{it} \times PC_{it} + \sum \gamma_{i+4} X_{it} + \varepsilon$$

模型（5-8）

$$OINV_{it} = \varepsilon_0 + \varepsilon_1 MIXN_{it} + \varepsilon_2 HSR_{it} + \varepsilon_3 PC_{it} + \varepsilon_4 HSR_{it} \times PC_{it} + \sum \varepsilon_{i+4} X_{it} + \varepsilon$$

模型（5-9）

其中，被解释变量 $OINV_{it}$ 表示过度投资，主要解释变量 $MIXN_{it}$ 表示混合股权多样性，中介变量 HSR_{it} 表示异质股权制衡，调节变量 PC 表示政策变更，当年度大于2013年时 PC 取值为1，否则取值为0，$MIXN_{it} \times PC_{it}$ 表示混合股权多样性与政策变更的交乘项，$HSR_{it} \times PC_{it}$ 表示异质股权制衡与政策变更的交乘项。X 表示控制变量组合，模型5-5与模型5-5中控制变量同模型5-1和模型5-2，模型5-7、模型5-8、模型5-9中控制变量同模型5-3和模型5-4。

表5-7列示了模型5-5、模型5-6、模型5-7、模型5-8和模型5-9的回归结果。从表5-7第一列的回归结果可以看出：混合股权多样性（MIXN）的系数在1%的水平上显著为负，交乘项（MIXN×PC）的系数在1%的水平上显著为负，这表明政策变更之后，国有企业混合股权多样性的增加对过度投资的抑制作用更强，更好地提高资本配置效率。从表5-7第二列的回归结果可以看出：异质股权制衡（HSR）的系数在10%的水平上显著为负，交乘项（HSR×PC）的系数不显著，这表明政策变更对异质股权制衡与过度投资之间的关系没有显著影响。从表5-7第三列的回归结果可以看出：混合股权多样性（MIXN）的系数在1%的水平上为正，交乘项（MIXN×PC）的系数不显著，这表明政策变更对混合股权多样性与异质股权制衡之间的关系没有显著影响。从表5-7第四列的回归结果可以看出：混合股权多样性（MIXN）的系数在5%的水平上显著为负，异质股权制衡（HSR）的系数在10%的水平上显著为负，交乘项（MIXN×PC）的系数在1%的水平上显著为负，这表明在混合股权多样性、股权制衡与过度投资之间的关系中，政策变更能加强混合股权多样性对过度投资的影响。从表5-7第五列的回归结果可以看出：混合股权多样性（MIXN）、异质股权制衡（HSR）以及交乘项（HSR×PC）的系数均不显著，这表明在混合股权多样性、股权制衡与过度投资之间的关系中，政策变更对异质股权制衡与过度投资之间的关系没

有显著影响。综上所述，混合所有制改革相关政策的变更提高了混合股权多样性对过度投资的抑制作用，但对异质股权制衡的中介作用没有显著影响。

表 5—7　进一步测试（3）

变量	模型 5-5 OIINV	模型 5-6 OIINV	模型 5-7 HSR	模型 5-8 OIINV	模型 5-9 OIINV
$MIXN$	-0.0051*** (-2.77)		0.3387*** (11.29)	-0.0046** (-2.45)	-0.0020 (-1.28)
HSR		-0.0057* (-1.68)		-0.0052* (-1.85)	-0.0050 (-1.47)
PC	0.0384*** (3.32)	0.0085** (2.25)	0.1753 (0.90)	0.0381*** (3.30)	0.0088** (2.32)
$MIXN \times PC$	-0.0095*** (-2.72)		0.0712 (1.24)	-0.0091*** (-2.62)	
$HSR \times PC$		0.0001 (0.01)			-0.0004 (-0.07)
$SIZE$	0.0081*** (5.93)	0.0086*** (6.46)	-0.0986*** (-4.39)	0.0071*** (5.16)	0.0074*** (5.38)
LEV	0.0232*** (2.83)	0.0222*** (2.71)	0.3088** (2.23)	0.0393*** (4.49)	0.0387*** (4.41)
ROE	0.0026 (1.61)	0.0026 (1.60)	-0.0107 (-0.52)	0.0014 (0.87)	0.0014 (0.86)
$Growth$	0.0452*** (18.85)	0.0451*** (18.80)	-0.1214*** (-2.86)	0.0452*** (18.89)	0.0452*** (18.88)
$Control$	-0.0220*** (-5.47)	-0.0223*** (-5.54)	-0.1899*** (-2.99)	-0.0222*** (-5.48)	-0.0224*** (-5.53)
OER	0.0076 (0.39)	0.0073 (0.37)	0.2356 (0.80)	0.0202 (1.02)	0.0200 (1.01)
$BIG4$	-0.0023 (-0.45)	-0.0024 (-0.47)	0.2672*** (3.17)	-0.0011 (-0.22)	-0.0013 (-0.26)
$Board$	0.0038 (0.83)	0.0030 (0.65)	-0.3283*** (-4.42)	0.0035 (0.77)	0.0033 (0.72)
MKT	0.0022 (0.76)	0.0021 (0.73)	0.0730 (1.58)	0.0023 (0.81)	0.0023 (0.81)
$First$			-0.0009 (-0.63)	-0.0001 (-1.49)	-0.0001 (-1.44)
MSE			-0.0749 (-0.49)	-0.0548*** (-5.45)	-0.0556*** (-5.52)

续表

变量	模型 5-5 OIINV	模型 5-6 OIINV	模型 5-7 HSR	模型 5-8 OIINV	模型 5-9 OIINV
截距项	-0.1955 *** (-6.04)	-0.2199 *** (-7.20)	1.0729 ** (2.05)	-0.1722 *** (-5.29)	-0.1862 *** (-5.79)
行业	控制	控制	控制	控制	控制
观测值	9936	9936	9936	9936	9936
Adj_R^2	0.4945	0.4893	0.0348	0.5260	0.5200
F	564.8630 ***	558.9899 ***	456.0285 ***	600.8614 ***	593.9788 ***

注：*、** 和 *** 分别表示在 10%、5% 和 1% 的水平上显著，括号内为 T 值，所有 T 值均经过公司层面的 cluster 调整。因为控制年度变量会抵消政策变更对模型的影响，本部分不对年度变量进行控制。

5.3.5 稳健性检验

为了增强本书结论的稳健性，本部分从以下两个方面进行稳健性测试。

（1）主要变量的替代度量。

①混合股权多样性的替代度量。本部分借鉴参照王福胜和宋海旭（2012）的做法，采用 HHI 指数（Herfindahl Hirschmann Index，HHI）来作为混合股权多样性（$MIXN$）的替代度量，用 1 减去不同性质股东数量比例平方的和来计量，然后对假设 1 和假设 2 进行检验。

表 5-8 列示了模型 5-1、模型 5-2、模型 5-3 和模型 5-4 的回归结果。从表 5-8 第一列的回归结果可以看出：混合股权多样性（$MIXN$）的系数在 1% 的水平上显著为负，这表明国有企业混合股权多样性的增加能够抑制过度投资，提高资本配置效率，这与前文结论基本一致，证明假设 1 的回归结果是稳健的。从表 5-8 第二列的回归结果可以看出：异质股权制衡（HSR）的系数在 5% 的水平上显著为负，这表明异质股权制衡能够抑制过度投资。从表 5-8 第三列的回归结果可以看出：混合股权多样性（$MIXN$）的系数在 1% 的水平上为正，这表明国有企业混合股权多样性的提高能使企业更容易形成异质股权制衡的结构。从表 5-8 第四列的回归结果可以看出：混合股权多样性（$MIXN$）的系数在 1% 的水平上显著为负，异质股权制衡（HSR）的系数在 5% 的水平上显著为负，这说明异质股权制衡对混合股权多样性与过度投资之间的关系起正向中介作用，这与前文结论基本一致，证明假设 2 的回归结果是稳健的。从表 5-8 第五列、第六列、第八列的回归结果可以看出：混合股权多样性（$MIXN$）与异质股权制衡（HSR）的系数均不显著，这与主测试的回归结果基本一致。从表 5-8 第七列回归结果可以看出：混合股权多样性（$MIXN_1$）的系数在 1% 的水平上为正，这表

明国有企业混合股权多样性的提高能使企业更容易形成异质股权制衡的结构,这与前文结论基本一致。

表 5-8 稳健性测试 (1)

变量	过度投资				投资不足			
	模型 5-1 OIINV	模型 5-2 OIINV	模型 5-3 HSR	模型 5-4 OIINV	模型 5-1 UIINV	模型 5-2 UIINV	模型 5-3 HSR	模型 5-4 UIINV
MIXN	-0.0277*** (-3.22)		0.1991*** (8.47)	-0.0310*** (-3.17)	0.0100 (1.69)		0.1991*** (8.47)	0.0115 (1.66)
HSR		-0.0057** (-2.01)		-0.0056** (-1.98)		0.0004 (0.34)		0.0005 (0.40)
SIZE	0.0098*** (6.90)	0.0105*** (7.50)	0.0481*** (12.50)	0.0094*** (6.48)	-0.0041*** (-6.81)	-0.0044*** (-7.33)	0.0481*** (12.50)	-0.0040*** (-6.54)
LEV	0.0241*** (2.94)	0.0229*** (2.79)	-0.0729*** (-3.14)	0.0443*** (5.03)	-0.0406*** (-12.03)	-0.0402*** (-11.92)	-0.0729*** (-3.14)	-0.0474*** (-12.99)
ROE	0.0028* (1.72)	0.0028* (1.72)	-0.0001 (-0.03)	0.0012 (0.79)	-0.0001 (-0.23)	-0.0002 (-0.27)	-0.0001 (-0.03)	0.0003 (0.54)
Growth	0.0449*** (18.56)	0.0448*** (18.51)	0.0530*** (7.81)	0.0448*** (18.56)	-0.0096*** (-7.95)	-0.0097*** (-7.98)	0.0530*** (7.81)	-0.0096*** (-7.91)
Control	-0.0251*** (-6.18)	-0.0252*** (-6.20)	-0.0952*** (-8.65)	-0.0258*** (-6.32)	-0.0000 (-0.01)	-0.0001 (-0.06)	-0.0952*** (-8.65)	-0.0002 (-0.11)
OER	0.0105 (0.54)	0.0097 (0.50)	0.2048*** (4.08)	0.0239 (1.21)	0.0512*** (6.66)	0.0517*** (6.72)	0.2048*** (4.08)	0.0464*** (5.92)
BIG4	-0.0049 (-0.96)	-0.0049 (-0.95)	0.0199 (1.42)	-0.0038 (-0.74)	-0.0008 (-0.34)	-0.0007 (-0.33)	0.0199 (1.42)	-0.0011 (-0.49)
Board	0.0016 (0.36)	0.0006 (0.13)	0.0321*** (2.62)	0.0004 (0.09)	0.0008 (0.43)	0.0011 (0.55)	0.0321*** (2.62)	0.0011 (0.55)
MKT	0.0022 (0.78)	0.0020 (0.70)	0.0028 (0.37)	0.0023 (0.82)	-0.0004 (-0.30)	-0.0002 (-0.19)	0.0028 (0.37)	-0.0003 (-0.24)
First			-0.0214*** (-86.07)	-0.0003*** (-3.21)			-0.0214*** (-86.07)	0.0001*** (2.87)
MSE			-0.0328 (-1.26)	-0.0701*** (-6.81)			-0.0328 (-1.26)	0.0226*** (5.48)
截距项	-0.2163*** (-6.61)	-0.2418*** (-7.70)	0.3733*** (4.27)	-0.1869*** (-5.68)	0.1179*** (8.57)	0.1282*** (9.67)	0.3733*** (4.27)	0.1098*** (7.92)
年份	控制	控制	控制	控制	控制	控制	控制	控制
行业	控制	控制	控制	控制	控制	控制	控制	控制
观测值	9936	9936	9936	9936	9936	9936	9936	9936
Adj_R^2	0.5508	0.5453	0.4809	0.6033	-0.0608	-0.0602	0.4809	-0.0639
F	629.2246***	622.8979***	206.2014***	689.1951***	731.5278***	724.3794***	206.2014***	768.9087***

注:*、** 和 *** 分别表示在 10%、5% 和 1% 的水平上显著,括号内为 T 值,所有 T 值均经过公司层面的 cluster 调整。

②非效率投资的替代度量。本部分使用托宾 Q 作为公司成长性的替代变量代入模型 3-1，在此基础上估计模型的残差，取其正残差为过度投资（OINV）的替代度量，残差为负则 OINV 取值为 0。取其负残差的绝对值为投资不足（UINV）的替代度量，残差为正则 UINV 取值为 0，然后对假设 1 和假设 2 进行检验。

表 5-9 列示了模型 5-1、模型 5-2、模型 5-3 和模型 5-4 的回归结果。从表 5-9 第一列的回归结果可以看出：混合股权多样性（MIXN）的系数在 5% 的水平上显著为负，这表明国有企业混合股权多样性的增加能够抑制过度投资，提高资本配置效率，这与前文结论基本一致，证明假设 1 的回归结果是稳健的。从表 5-9 第二列的回归结果可以看出：异质股权制衡（HSR）的系数在 10% 的水平上显著为负，这表明异质股权制衡能够抑制过度投资。从表 5-9 第三列的回归结果可以看出：混合股权多样性（MIXN）的系数在 1% 的水平上为正，这表明国有企业混合股权多样性的提高能使企业更容易形成异质股权制衡的结构。从表 5-9 第四列的回归结果可以看出：混合股权多样性（MIXN）的系数在 5% 的水平上显著为负，异质股权制衡（HSR）的系数在 10% 的水平上显著为负，这说明异质股权制衡对混合股权多样性与过度投资之间的关系起正向中介作用，这与前文结论基本一致，证明假设 2 的回归结果是稳健的。从表 5-9 第五列、第六列、第八列的回归结果可以看出：混合股权多样性（MIXN）与异质股权制衡（HSR）的系数均不显著，这与前文结果基本一致。从表 5-9 第七列回归结果可以看出：混合股权多样性（MIXN）的系数在 1% 的水平上为正，这表明国有企业混合股权多样性的提高能使企业更容易形成异质股权制衡的结构，这与前文结果基本一致。

表 5-9 稳健性测试（2）

变量	过度投资				投资不足			
	模型 5-1 OIINV	模型 5-2 OIINV	模型 5-3 HSR	模型 5-4 OIINV	模型 5-1 UIINV	模型 5-2 UIINV	模型 5-3 HSR	模型 5-4 UIINV
MIXN	-0.0038** (-2.42)		0.3629*** (13.98)	-0.0037** (-2.30)	0.0010 (1.49)		0.3629*** (13.98)	0.0012 (1.64)
HSR		-0.0055* (-1.95)		-0.0048* (-1.70)		0.0001 (0.08)		-0.0000 (-0.02)
SIZE	0.0093*** (6.69)	0.0098*** (7.09)	-0.1084*** (-4.62)	0.0088*** (6.23)	-0.0041*** (-6.96)	-0.0042*** (-7.26)	-0.1084*** (-4.62)	-0.0040*** (-6.71)
LEV	0.0092 (1.17)	0.0085 (1.08)	0.2838** (2.04)	0.0319*** (3.75)	-0.0388*** (-12.01)	-0.0386*** (-11.97)	0.2838** (2.04)	-0.0456*** (-12.98)

续表

变量	过度投资				投资不足			
	模型 5-1 OIINV	模型 5-2 OIINV	模型 5-3 HSR	模型 5-4 OIINV	模型 5-1 UIINV	模型 5-2 UIINV	模型 5-3 HSR	模型 5-4 UIINV
ROE	0.0025 (1.53)	0.0024 (1.51)	-0.0089 (-0.43)	0.0009 (0.55)	-0.0001 (-0.17)	-0.0001 (-0.18)	-0.0089 (-0.43)	0.0003 (0.59)
Growth	0.0453*** (18.70)	0.0453*** (18.67)	-0.1129*** (-2.64)	0.0453*** (18.74)	-0.0096*** (-7.92)	-0.0096*** (-7.94)	-0.1129*** (-2.64)	-0.0096*** (-7.92)
Control	-0.0241*** (-5.95)	-0.0239*** (-5.89)	-0.1725*** (-2.69)	-0.0251*** (-6.17)	0.0004 (0.23)	0.0003 (0.15)	-0.1725*** (-2.69)	0.0002 (0.14)
OER	0.0228 (1.20)	0.0232 (1.22)	0.2403 (0.81)	0.0392** (2.04)	0.0492*** (6.55)	0.0492*** (6.55)	0.2403 (0.81)	0.0441*** (5.78)
BIG4	-0.0064 (-1.25)	-0.0064 (-1.25)	0.2791*** (3.30)	-0.0054 (-1.06)	-0.0011 (-0.49)	-0.0011 (-0.47)	0.2791*** (3.30)	-0.0014 (-0.63)
Board	0.0042 (0.93)	0.0036 (0.79)	-0.3154*** (-4.22)	0.0030 (0.65)	0.0014 (0.74)	0.0015 (0.77)	-0.3154*** (-4.22)	0.0017 (0.88)
MKT	0.0007 (0.23)	0.0004 (0.14)	0.0770* (1.67)	0.0007 (0.27)	0.0002 (0.18)	0.0003 (0.26)	0.0770* (1.67)	0.0003 (0.23)
First			-0.0002 (-0.16)	-0.0002*** (-2.69)			-0.0002 (-0.16)	0.0001*** (2.80)
MSE			-0.0167 (-0.11)	-0.0756*** (-7.45)			-0.0167 (-0.11)	0.0227*** (5.58)
截距项	-0.2185*** (-7.17)	-0.2378*** (-8.26)	1.0081* (1.90)	-0.1949*** (-6.39)	0.1136*** (8.87)	0.1199*** (9.86)	1.0081* (1.90)	0.1070*** (8.31)
年份	控制	控制	控制	控制	控制	控制	控制	控制
行业	控制	控制	控制	控制	控制	控制	控制	控制
观测值	9936	9936	9936	9936	9936	9936	9936	9936
Adj_R^2	0.4666	0.4647	0.0356	0.5239	0.0563	0.0561	0.0356	0.0594
F	532.9617***	530.8975***	466.6847***	598.4282***	677.0556***	674.8522***	466.6847***	714.9108***

注：*、** 和 *** 分别表示在10%、5%和1%的水平上显著，括号内为T值，所有T值均经过公司层面的cluster调整。

(2) 内生性问题控制。

①控制个体效应。为了控制遗漏变量产生的内生性问题对研究结论的影响，本书采用固定效应模型控制了企业的个体效应，并对假设1和假设2进行检验。表5-10列示了模型5-1、模型5-2、模型5-3和模型5-4的回归结果。从表5-10第一列的回归结果可以看出：混合股权多样性（MIXN）的系数在5%的水平上显著为负，这表明国有企业混合股权多样性的增加能够抑制过度投资，提高

资本配置效率，这与前文结论基本一致，证明假设 1 的回归结果是稳健的。从表 5-10 第二列的回归结果可以看出：异质股权制衡（HSR）的系数在 5% 的水平上显著为负，这表明异质股权制衡能够抑制过度投资。从表 5-10 第三列的回归结果可以看出：混合股权多样性（MIXN）的系数在 1% 的水平上为正，这表明国有企业混合股权多样性的提高能使企业更容易形成异质股权制衡的结构。从表 5-10 第四列的回归结果可以看出：混合股权多样性（MIXN）的系数在 5% 的水平上显著为负，异质股权制衡（HSR）的系数在 10% 的水平上显著为负，这说明异质股权制衡对混合股权多样性与过度投资之间的关系起正向中介作用，这与前文结论基本一致，证明假设 2 的回归结果是稳健的。从表 5-10 第五列、第六列、第八列的回归结果可以看出：混合股权多样性（MIXN）与异质股权制衡（HSR）的系数均不显著，这与前文结果基本一致。从表 5-10 第七列回归结果可以看出：混合股权多样性（MIXN）的系数在 1% 的水平上为正，这表明国有企业混合股权多样性的提高能使企业更容易形成异质股权制衡的结构，这与前文结果基本一致。

表 5-10 稳健性测试（3）

变量	过度投资				投资不足			
	模型 5-1 OIINV	模型 5-2 OIINV	模型 5-3 HSR	模型 5-4 OIINV	模型 5-1 UIINV	模型 5-2 UIINV	模型 5-3 HSR	模型 5-4 UIINV
MIXN	-0.0042** (-2.47)		0.3198*** (8.85)	-0.0035** (-2.04)	0.0009 (1.32)		0.3198*** (8.85)	0.0009 (1.21)
HSR		-0.0063** (-2.06)		-0.0054* (-1.75)		0.0001 (0.08)		-0.0001 (-0.04)
SIZE	0.0065*** (4.58)	0.0068*** (4.84)	-0.1207*** (-3.50)	0.0053*** (3.76)	-0.0039*** (-6.33)	-0.0040*** (-6.56)	-0.1207*** (-3.50)	-0.0035*** (-5.71)
LEV	-0.0006 (-0.06)	-0.0006 (-0.07)	0.6148*** (2.73)	0.0152 (1.56)	-0.0323*** (-8.30)	-0.0322*** (-8.28)	0.6148*** (2.73)	-0.0369*** (-8.91)
ROE	0.0022 (1.36)	0.0021 (1.34)	-0.0301 (-1.23)	0.0011 (0.71)	0.0003 (0.63)	0.0003 (0.62)	-0.0301 (-1.23)	0.0006 (1.08)
Growth	0.0455*** (19.31)	0.0454*** (19.27)	-0.1245** (-2.43)	0.0453*** (19.25)	-0.0095*** (-8.14)	-0.0095*** (-8.16)	-0.1245** (-2.43)	-0.0096*** (-8.18)
Control	-0.0251*** (-5.17)	-0.0249*** (-5.14)	-0.0164 (-0.15)	-0.0256*** (-5.25)	0.0013 (0.62)	0.0012 (0.57)	-0.0164 (-0.15)	0.0011 (0.51)
OER	0.0051 (0.23)	0.0054 (0.25)	0.9318** (2.02)	0.0196 (0.89)	0.0465*** (5.36)	0.0466*** (5.37)	0.9318** (2.02)	0.0424*** (4.82)

续表

变量	过度投资				投资不足			
	模型5-1 OIINV	模型5-2 OIINV	模型5-3 HSR	模型5-4 OIINV	模型5-1 UIINV	模型5-2 UIINV	模型5-3 HSR	模型5-4 UIINV
BIG4	-0.0040 (-0.63)	-0.0037 (-0.59)	0.2658 (1.57)	-0.0040 (-0.64)	-0.0010 (-0.37)	-0.0010 (-0.37)	0.2658 (1.57)	-0.0011 (-0.39)
Board	0.0072 (1.23)	0.0067 (1.15)	-0.1989 (-1.30)	0.0073 (1.26)	0.0011 (0.45)	0.0012 (0.46)	-0.1989 (-1.30)	0.0009 (0.37)
MKT	0.0015 (0.42)	0.0012 (0.34)	-0.0666 (-0.77)	0.0016 (0.46)	0.0012 (0.79)	0.0013 (0.85)	-0.0666 (-0.77)	0.0012 (0.79)
First			-0.0001 (-0.04)	0.0000 (0.31)			-0.0001 (-0.04)	0.0000 (0.28)
MSE			0.2754 (1.30)	-0.0477*** (-4.52)			0.2754 (1.30)	0.0139*** (3.26)
截距项	-0.1669*** (-5.10)	-0.1843*** (-5.87)	0.5606 (0.67)	-0.1491*** (-4.53)	0.1056*** (7.44)	0.1109*** (8.13)	0.5606 (0.67)	0.1000*** (6.97)
年份	控制	控制	控制	控制	控制	控制	控制	控制
行业	控制	控制	控制	控制	控制	控制	控制	控制
观测值	9936	9936	9936	9936	9936	9936	9936	9936
F	463.8635***	462.1223***	135.0980***	487.4087***	325.6405***	323.9723***	135.0980***	337.5348***

注：*、**和***分别表示在10%、5%和1%的水平上显著，括号内为T值，控制行业、年度和公司个体效应。

②双聚类调整。本书的样本数据是一个典型的面板数据结构，为了进一步控制面板数据可能发生的公司间截面相关和时间序列上的自相关等问题，本部分借鉴彼得森（Petersen，2009）的稳健估计模型方法，在公司层面和年度层面对回归分析结果进行了cluster调整，分别对假设1和假设2进行检验，同时在公司层面和时间层面对标准误进行聚类，从而解决组内相关性问题所导致的标准误偏差。

表5-11列示了模型5-1、模型5-2、模型5-3和模型5-4的回归结果。从表5-11第一列的回归结果可以看出：混合股权多样性（MIXN）的系数在1%的水平上显著为负，这表明国有企业混合股权多样性的增加能够抑制过度投资，提高资本配置效率，这与前文结论基本一致，证明假设1的回归结果是稳健的。从表5-11第二列的回归结果可以看出：异质股权制衡（HSR）的系数在10%的水平上显著为负，这表明异质股权制衡能够抑制过度投资。从表5-11第三列的回归结果可以看出：混合股权多样性（MIXN）的系数在1%的水平上为正，这

表明国有企业混合股权多样性的提高能使企业更容易形成异质股权制衡的结构。从表5-11第四列的回归结果可以看出：混合股权多样性（MIXN）的系数在1%的水平上显著为负，异质股权制衡（HSR）的系数在10%的水平上显著为负，这说明异质股权制衡对混合股权多样性与过度投资之间的关系起正向中介作用，这与前文结论基本一致，证明假设2的回归结果是稳健的。从表5-11第五列、第六列、第八列的回归结果可以看出：混合股权多样性（MIXN）与异质股权制衡（HSR）的系数均不显著，这与前文结果基本一致。从表5-11第七列回归结果可以看出：混合股权多样性（MIXN）的系数在1%的水平上为正，这表明国有企业混合股权多样性的提高能使企业更容易形成异质股权制衡的结构，这与前文结果基本一致。

表5-11 稳健性测试（4）

变量	过度投资				投资不足			
	模型5-1 OIINV	模型5-2 OIINV	模型5-3 HSR	模型5-4 OIINV	模型5-1 UIINV	模型5-2 UIINV	模型5-3 HSR	模型5-4 UIINV
MIXN	-0.0038*** (-2.85)		0.3476*** (6.67)	-0.0034*** (-2.61)	0.0000 (0.09)		0.3476*** (6.67)	0.0002 (0.57)
HSR		-0.0025* (-2.06)		-0.0018* (-1.98)		-0.0007 (-1.23)		-0.0007 (-1.15)
SIZE	0.0044** (2.57)	0.0049*** (2.70)	-0.0867** (-1.98)	0.0031* (1.95)	-0.0034*** (-7.18)	-0.0034*** (-7.27)	-0.0867** (-1.98)	-0.0033*** (-7.25)
LEV	0.0195** (2.28)	0.0190** (2.19)	0.1841 (0.65)	0.0408*** (4.90)	-0.0112*** (-4.44)	-0.0112*** (-4.43)	0.1841 (0.65)	-0.0126*** (-4.39)
ROE	0.0016 (1.20)	0.0016 (1.19)	-0.0151 (-0.64)	0.0002 (0.19)	-0.0002 (-0.65)	-0.0002 (-0.66)	-0.0151 (-0.64)	-0.0001 (-0.25)
Growth	0.0338*** (13.04)	0.0338*** (13.03)	-0.1273** (-2.48)	0.0338*** (13.14)	-0.0056*** (-6.52)	-0.0056*** (-6.50)	-0.1273** (-2.48)	-0.0058*** (-6.63)
Control	-0.0025 (-0.69)	-0.0020 (-0.54)	-0.2391 (-1.41)	-0.0032 (-0.85)	0.0006 (0.51)	0.0005 (0.46)	-0.2391 (-1.41)	-0.0001 (-0.12)
OER	0.0088 (0.35)	0.0087 (0.34)	0.3598 (0.70)	0.0264 (1.15)	-0.0025 (-0.36)	-0.0024 (-0.35)	0.3598 (0.70)	-0.0025 (-0.36)
BIG4	-0.0006 (-0.10)	-0.0007 (-0.12)	0.2862 (1.52)	-0.0001 (-0.02)	0.0005 (0.29)	0.0006 (0.31)	0.2862 (1.52)	0.0000 (0.02)
Board	0.0095** (2.22)	0.0092** (2.14)	-0.3550** (-2.31)	0.0096** (2.31)	0.0000 (0.01)	-0.0000 (-0.03)	-0.3550** (-2.31)	-0.0001 (-0.05)
MKT	-0.0015 (-0.63)	-0.0018 (-0.80)	0.0412 (0.44)	-0.0014 (-0.63)	0.0007 (0.99)	0.0007 (1.04)	0.0412 (0.44)	0.0007 (1.03)

续表

变量	过度投资				投资不足			
	模型 5-1 OIINV	模型 5-2 OIINV	模型 5-3 HSR	模型 5-4 OIINV	模型 5-1 UIINV	模型 5-2 UIINV	模型 5-3 HSR	模型 5-4 UIINV
First			-0.0018 (-0.62)	-0.0000 (-0.04)			-0.0018 (-0.62)	0.0001*** (3.41)
MSE			-0.2437 (-0.94)	-0.0685*** (-4.04)			-0.2437 (-0.94)	0.0056 (1.34)
截距项	-0.1490*** (-3.55)	-0.1699*** (-3.82)	0.7599 (0.81)	-0.1261*** (-3.20)	0.0903*** (8.15)	0.0913*** (8.37)	0.7599 (0.81)	0.0868*** (7.77)
年份	控制	控制	控制	控制	控制	控制	控制	控制
行业	控制	控制	控制	控制	控制	控制	控制	控制
观测值	9936	9936	9936	9936	9936	9936	9936	9936

注：*、** 和 *** 分别表示在10%、5%和1%的水平上显著，括号内为T值，所有T值均经过公司和时间层面的cluster调整。

③ PSM 配对。为了控制样本非随机性选择偏差的影响，借鉴查克拉瓦蒂和卢瑟福（Chakravarty & Rutherford，2017）的做法，本部分采用PSM配对检验假设1和假设2。以混合股权多样性75%分位数及以上部分作为处理组，根据资产规模、资产负债率、盈利能力等相近的同行业、同年度的公司进行1∶1配对，最终得到4720个观测值，并对假设1和假设2进行检验。

表5-12列示了模型5-1、模型5-2、模型5-3和模型5-4的回归结果。从表5-12第一列的回归结果可以看出：混合股权多样性（MIXN）的系数在10%的水平上显著为负，这表明国有企业混合股权多样性的增加能够抑制过度投资，提高资本配置效率，这与前文结论基本一致，证明假设1的回归结果是稳健的。从表5-12第二列的回归结果可以看出：异质股权制衡（HSR）的系数在10%的水平上显著为负，这表明异质股权制衡能够抑制过度投资。从表5-12第三列的回归结果可以看出：混合股权多样性（MIXN）的系数在1%的水平上为正，这表明国有企业混合股权多样性的提高能使企业更容易形成异质股权制衡的结构。从表5-12第四列的回归结果可以看出：混合股权多样性（MIXN）的系数在10%的水平上显著为负，异质股权制衡（HSR）的系数在10%的水平上显著为负，这说明异质股权制衡对混合股权多样性与过度投资之间的关系起正向中介作用，这与前文结论基本一致，证明假设2的回归结果是稳健的。从表5-12第五列、第六列、第八列的回归结果可以看出：混合股权多样性（MIXN）与异质股权制衡（HSR）的系数均不显著，这与前文结果基本一致。从表5-12第七

列回归结果可以看出：混合股权多样性（MIXN）的系数在1%的水平上为正，这表明国有企业混合股权多样性的提高能使企业更容易形成异质股权制衡的结构，这与前文结果基本一致。

表 5 – 12　　　　　　　　　　　稳健性测试（5）

变量	过度投资				投资不足			
	模型5-1 OIINV	模型5-2 OIINV	模型5-3 HSR	模型5-4 OIINV	模型5-1 UIINV	模型5-2 UIINV	模型5-3 HSR	模型5-4 UIINV
MIXN	-0.0027* (-1.99)		0.3063*** (9.72)	-0.0013* (-1.76)	0.0002 (0.27)		0.3063*** (9.72)	0.0002 (0.29)
HSR		-0.0060* (-1.73)		-0.0063* (-1.79)		-0.0005 (-0.33)		-0.0002 (-0.14)
SIZE	0.0096*** (6.27)	0.0064*** (4.04)	-0.1130*** (-3.56)	0.0050*** (3.08)	-0.0048*** (-5.82)	-0.0049*** (-7.19)	-0.1130*** (-3.56)	-0.0044*** (-6.31)
LEV	0.0288*** (3.58)	0.0245** (2.51)	0.3973** (2.30)	0.0479*** (4.54)	-0.0406*** (-9.66)	-0.0385*** (-9.64)	0.3973** (2.30)	-0.0463*** (-10.62)
ROE	0.0015 (1.08)	0.0024 (1.22)	-0.0381 (-1.20)	0.0009 (0.46)	-0.0001 (-0.12)	0.0002 (0.26)	-0.0381 (-1.20)	0.0007 (0.88)
Growth	0.0364*** (15.30)	0.0449*** (13.93)	-0.1269** (-2.29)	0.0450*** (13.98)	-0.0098*** (-6.17)	-0.0095*** (-6.02)	-0.1269** (-2.29)	-0.0097*** (-6.14)
Control	-0.0063 (-1.58)	-0.0201*** (-4.06)	-0.2455*** (-3.07)	-0.0209*** (-4.18)	-0.0002 (-0.09)	-0.0003 (-0.13)	-0.2455*** (-3.07)	-0.0006 (-0.28)
OER	0.0289 (1.55)	-0.0101 (-0.42)	-0.0258 (-0.07)	0.0102 (0.41)	0.0587*** (6.13)	0.0567*** (6.02)	-0.0258 (-0.07)	0.0502*** (5.23)
BIG4	-0.0027 (-0.48)	-0.0019 (-0.27)	0.2162* (1.92)	-0.0011 (-0.16)	-0.0014 (-0.45)	-0.0020 (-0.67)	0.2162* (1.92)	-0.0026 (-0.84)
Board	-0.0001 (-0.02)	0.0002 (0.03)	-0.3233*** (-3.51)	0.0003 (0.05)	0.0026 (1.08)	0.0030 (1.23)	-0.3233*** (-3.51)	0.0028 (1.18)
MKT	0.0001 (0.04)	0.0021 (0.59)	0.0573 (1.00)	0.0023 (0.66)	-0.0016 (-1.05)	-0.0008 (-0.51)	0.0573 (1.00)	-0.0007 (-0.49)
First			-0.0001 (-0.06)	-0.0000 (-0.07)			-0.0001 (-0.06)	0.0001 (1.08)
MSE			-0.3096 (-1.56)	-0.0716*** (-5.72)			-0.3096 (-1.56)	0.0228*** (4.65)
截距项	-0.2321*** (-6.76)	-0.1834*** (-5.24)	1.7004** (2.44)	-0.1535*** (-4.30)	0.1373*** (7.44)	0.1335*** (8.94)	1.7004** (2.44)	0.1221*** (8.01)
年份	控制	控制	控制	控制	控制	控制	控制	控制
行业	控制	控制	控制	控制	控制	控制	控制	控制

续表

变量	过度投资				投资不足			
	模型 5-1 OIINV	模型 5-2 OIINV	模型 5-3 HSR	模型 5-4 OIINV	模型 5-1 UIINV	模型 5-2 UIINV	模型 5-3 HSR	模型 5-4 UIINV
观测值	4720	4720	4720	4720	4720	4720	4720	4720
Adj_R^2	0.4107	0.3830	0.0296	0.4315	0.0658	0.0481	0.0296	0.0511
F	389.6256***	272.6757***	249.6686***	307.2440***	508.1134***	371.7722***	249.6686***	394.7978***

注：*、** 和 *** 分别表示在 10%、5% 和 1% 的水平上显著，括号内为 T 值，所有 T 值均经过公司层面的 cluster 调整。

④ Heckman 二阶段。为了缓解对混合所有制企业样本选择所带来的偏差，本书使用 Heckman 两阶段回归来确保研究结果的稳健性。第一阶段以混合股权多样性的 75% 分位数作为节点将样本分为两组，并以此生成分组变量回归得出逆米尔斯比率（IMR）。第二阶段把逆米尔斯比率（IMR）作为控制变量加入模型 5-1、模型 5-2、模型 5-3 和模型 5-4 进行回归分析，重新对假设 1 和假设 2 进行检验。

表 5-13 列示了模型 5-1、模型 5-2、模型 5-3 和模型 5-4 的回归结果。从表 5-13 第一列的回归结果可以看出：混合股权多样性（MIXN）的系数在 10% 的水平上显著为负，逆米尔斯比率（IMR）的系数在 1% 的水平上显著为正，这表明在控制样本选择偏差后，国有企业混合股权多样性的增加能够抑制过度投资，提高资本配置效率，这与前文结论基本一致，证明假设 1 的回归结果是稳健的。从表 5-13 第二列的回归结果可以看出：异质股权制衡（HSR）的系数在 10% 的水平上显著为负，逆米尔斯比率（IMR）的系数在 1% 的水平上显著为正，这表明在控制样本选择偏差后，异质股权制衡能够抑制过度投资。从表 5-13 第三列的回归结果可以看出：混合股权多样性（MIXN）的系数在 1% 的水平上为正，逆米尔斯比率（IMR）的系数在 10% 的水平上显著为负，这表明在控制样本选择偏差后，国有企业混合股权多样性能增加企业异质股权制衡的情况。从表 5-13 第四列的回归结果可以看出：混合股权多样性（MIXN）的系数在 10% 的水平上显著为负，异质股权制衡（HSR）的系数在 10% 的水平上显著为负，逆米尔斯比率（IMR）的系数在 1% 的水平上显著为正，这说明在控制样本选择偏差后，异质股权制衡对混合股权多样性与过度投资之间的关系起正向中介作用，这与前文结论基本一致，证明假设 2 的回归结果是稳健的。从表 5-13 第五列、第六列、第八列的回归结果可以看出：混合股权多样性（MIXN）与异质股权制衡（HSR）的系数均不显著，逆米尔斯比率（IMR）的系数均在 5% 的水平上显

著为负，这表明在控制样本选择偏差后，回归结果与前文结果基本一致。从表 5-13 第七列回归结果可以看出：混合股权多样性（*MIXN*）的系数在 1% 的水平上为正，逆米尔斯比率（*IMR*）的系数均在 10% 的水平上显著为负，这表明在控制样本选择偏差后，国有企业混合股权多样性能增加企业异质股权制衡的情况，这与前文结果基本一致。

表 5-13　稳健性测试（6）

变量	过度投资				投资不足			
	模型 5-1 OIINV	模型 5-2 OIINV	模型 5-3 HSR	模型 5-4 OIINV	模型 5-1 UIINV	模型 5-2 UIINV	模型 5-3 HSR	模型 5-4 UIINV
MIXN	-0.0027* (-1.67)		0.3559*** (13.57)	-0.0026* (-1.65)	0.0007 (1.09)		0.3559*** (13.57)	0.0009 (1.24)
HSR		-0.0053* (-1.88)		-0.0047* (-1.66)		0.0003 (0.27)		0.0002 (0.16)
SIZE	0.0063*** (3.11)	0.0063*** (3.11)	-0.0637* (-1.87)	0.0059*** (2.87)	-0.0029*** (-3.35)	-0.0029*** (-3.35)	-0.0637* (-1.87)	-0.0028*** (-3.23)
LEV	0.0238*** (2.89)	0.0236*** (2.88)	0.2732* (1.96)	0.0442*** (5.02)	-0.0405*** (-12.00)	-0.0405*** (-11.99)	0.2732* (1.96)	-0.0474*** (-12.99)
ROE	0.0028* (1.68)	0.0027* (1.66)	-0.0078 (-0.38)	0.0012 (0.75)	-0.0001 (-0.20)	-0.0001 (-0.20)	-0.0078 (-0.38)	0.0003 (0.57)
Growth	0.0445*** (18.34)	0.0444*** (18.29)	-0.1082** (-2.52)	0.0443*** (18.33)	-0.0095*** (-7.84)	-0.0095*** (-7.84)	-0.1082** (-2.52)	-0.0094*** (-7.80)
Control	-0.0306*** (-6.76)	-0.0309*** (-6.84)	-0.1113 (-1.53)	-0.0313*** (-6.91)	0.0018 (0.94)	0.0019 (0.96)	-0.1113 (-1.53)	0.0017 (0.86)
OER	0.0084 (0.43)	0.0085 (0.44)	0.2489 (0.84)	0.0226 (1.15)	0.0520*** (6.77)	0.0521*** (6.77)	0.2489 (0.84)	0.0468*** (5.97)
BIG4	-0.0041 (-0.80)	-0.0040 (-0.78)	0.2712*** (3.20)	-0.0032 (-0.63)	-0.0010 (-0.45)	-0.0010 (-0.46)	0.2712*** (3.20)	-0.0013 (-0.57)
Board	0.0020 (0.44)	0.0016 (0.34)	-0.3242*** (-4.33)	0.0009 (0.20)	0.0007 (0.37)	0.0008 (0.39)	-0.3242*** (-4.33)	0.0009 (0.49)
MKT	0.0037 (1.28)	0.0037 (1.29)	0.0592 (1.26)	0.0038 (1.30)	-0.0008 (-0.67)	-0.0008 (-0.66)	0.0592 (1.26)	-0.0007 (-0.61)
First			-0.0003 (-0.23)	-0.0002*** (-2.72)			-0.0003 (-0.23)	0.0001** (2.44)
MSE			-0.0127 (-0.08)	-0.0707*** (-6.86)			-0.0127 (-0.08)	0.0227*** (5.52)
IMR	0.0202*** (2.67)	0.0216*** (2.88)	-0.2331* (-1.81)	0.0201*** (2.66)	-0.0070** (-2.15)	-0.0075** (-2.34)	-0.2331* (-1.81)	-0.0068** (-2.10)

续表

变量	过度投资				投资不足			
	模型 5-1 OIINV	模型 5-2 OIINV	模型 5-3 HSR	模型 5-4 OIINV	模型 5-1 UIINV	模型 5-2 UIINV	模型 5-3 HSR	模型 5-4 UIINV
截距项	-0.1633*** (-4.04)	-0.1703*** (-4.26)	0.2791 (0.42)	-0.1391*** (-3.44)	0.1008*** (5.88)	0.1034*** (6.09)	0.2791 (0.42)	0.0942*** (5.48)
年份	控制	控制	控制	控制	控制	控制	控制	控制
行业	控制	控制	控制	控制	控制	控制	控制	控制
观测值	9936	9936	9936	9936	9936	9936	9936	9936
Adj_R^2	0.5519	0.5525	0.0358	0.6019	0.0607	0.0606	0.0358	0.0637
F	630.4319***	631.1818***	469.9668***	687.5706***	730.9606***	729.8407***	469.9668***	766.4435***

注：*、**和***分别表示在10%、5%和1%的水平上显著，括号内为T值，所有T值均经过公司层面的cluster调整。

5.4 本章小结

改革开放40多年来，国有企业改革一直都是我们的重要研究对象，随着经济体制改革进入深水区，对混合所有制经济的研究也受到了更为广泛的关注。已有文献主要从企业绩效和企业行为的角度研究了混合所有制改革的影响，其中也包括对资本配置效率的研究，但鲜有文章研究其具体的作用机制。本章通过构建数理模型，分析了混合所有制改革、股权制衡与资本配置效率之间的关系，并在此基础上采用中国A股上市公司2003—2018年的数据对混合所有制改革如何影响资本配置效率、股权制衡如何影响混合所有制改革与资本配置效率之间的关系等问题进行了实证检验，检验结果表明：

（1）国有企业经过混合所有制改革之后，不同性质股东种类的增加能够抑制国有企业的过度投资行为，提高资本配置效率，而对投资不足没有显著的影响。可以看出，混合所有制改革是通过引入各种类型的非国有资本，充分发挥各种资本的优势并结合各种性质股东的经验和智慧，盘活国有企业资产，完善国有企业治理结构，优化监督机制，最终达到抑制企业过度投资、国有资本保值增值、提高企业资本配置效率的目的。

（2）异质股权制衡对混合股权多样性与过度投资之间的关系起正向中介作用。说明国有企业股权多样性的提高也增加制衡股东的异质性，在增强制衡股东监管积极性的同时降低股东之间合谋的可能性。结合中国特殊的制度环境，国有企业在引入非国有资本参与公司管理的同时，还要确保其制衡能力的发挥，优化企业股权结构和运行机制，提高企业资本配置效率。

（3）进一步地，混合股权多样性与异质股权制衡对过度投资的影响只在控制权为国有的时候有效，当企业控制权发生转移之后，其影响就不再显著了。

（4）企业所处地区的市场化程度也会影响混合股权多样性、异质股权制衡与过度投资之间的关系。较高的市场化程度能够加强异质股权制衡对混合股权多样性与过度投资之间关系的中介作用。

（5）2013年党的十八届三中全会提出的"积极发展混合所有制经济"意味着我国国有企业改革进入新阶段，而混合所有制改革的政策变更也加强了混合股权多样性对过度投资的抑制作用。

（6）在稳健性测试中，一方面，对混合股权多样性、非效率投资进行替代度量，分别对模型5-1、模型5-2、模型5-3和模型5-4进行检验，回归结果与主测试基本一致；另一方面，通过控制企业个体效应、双聚类调整、PSM配对以及Heckman二阶段等方法，缓解内生性问题，并分别对模型5-1、模型5-2、模型5-3和模型5-4进行检验，回归结果与主测试基本一致。

通过对本章研究结果的分析，我们发现在国有上市公司中，股东种类混合程度的提高能够通过抑制企业过度投资行为来提高资本的配置效率，且异质股权制衡在其中起到了正向的中介作用，而对投资不足的影响并不显著。那么，是否非国有资本的制衡程度越高，对过度投资的抑制作用越强呢？在下面的章节中，我们将进一步探讨混合股权制衡度对资本配置效率的影响，本章的研究为第6章的研究打下了基础。

第 6 章 混合股权制衡度与资本配置效率的实证检验

本章研究混合股权制衡度与资本配置效率之间的关系,并分析不同类型的非国有股东在其中的作用。结合中国特殊的制度环境,进一步探究国有企业应该如何进行混合所有制改革才能提高资本配置效率,为我国推行混合所有制改革提供数据支持。

6.1 理论分析与假设提出

研究混合所有制改革本质上就是研究在企业股权结构中国有资本与非国有资本如何分配的问题。针对这一问题,当前西方主流经济学认为,国家所有权是无效的,他们认为资本市场应该由市场"无形的手"进行自我调节,而政府这只"有形的手"的介入反而会破坏正常的市场规则。科夫和穆雷尔(Djankov & Murrel, 2002)在对比世界各国不同所有制企业绩效的实证研究分析之后发现,总体来看,私有企业在企业效益方面比国有企业有着较为明显的优势。孙倩和威尔逊·唐(Sun & Tong, 2003)运用 1994—1998 年中国 634 家国有股权私有化的上市公司数据,发现国有股权私有化提高了公司的盈利能力,国有股权对公司业绩具有负面影响。更有甚者认为国有企业完全民营化更有利于提高其盈利能力和经营效率(Megginson, 2001)。关于资本市场的自我调节功能已有大量的研究证明了其有效性,而非国有资本确实能更好地适应灵活性的市场机制,但非国有资本是否一定比国有资本好却还有待商榷。国内不少学者认为国有持股比例与公司绩效之间不是简单的线性关系,而是呈正"U"形、倒"U"形等曲线关系(田利辉,2005;董梅生和洪功翔,2017)。一方面,市场这只"无形的手"能发挥作用是建立在一套较为完善的资本市场制度和法律环境下的。实际上,除了包括美国在内的少数几个西方发达国家以外,世界上大部分国家的资本市场都处于半强式有效市场的中初级阶段或弱式有效市场阶段,缺乏充分发挥市场的自我调节作用的环境,而处于经济体制转型时期的中国的资本市场无疑是属于后者。既然单纯依靠市场本身的调节并不能很好地保护市场的基本秩序,政府力量的介入就尤为重要了。从企业层面来看，国有持股往往代表着实力和稳定，它能带来更低的融资成本和相关的政策扶持。另一方面，市场调节在一些方面有很大的局限性：如公共产品（国防、环保等）作为维持社会稳定的重要组成部分几乎不会受到市场调节作用的影响；又如重大突发事件很可能会导致市场失灵，就像面对这次新型冠状病毒感染疫情的暴发，第一时间响应国家号召前往一线抗疫的是中国各地公立医院的医护人员，而私立医院的反应速度和效率确实要差上很多。反观资本市场发达的美国，在面临疫情暴发而导致的医疗物资短缺和价格飞涨，他们也只能依靠政府力量限制价格并要求国内各大汽车制造行业转行生产口罩等医疗物资。综上所述，无论是非国有资本还是国有资本都能在特定领域发挥重要的作用，多种资本相互融合，取长补短才能更好地实现资本的最优配置。

前文的研究表明，充分发挥非国有股东的制衡作用是国有企业混改提高资本配置效率的重要途径，而非国有股东持股比例的多少直接影响其制衡能力的发挥。股权制衡理论认为合理的股权制衡机制既要实现大股东之间的互相牵制，确保任何一个大股东都无法单独进行决策，同时也要保持股权的相对集中，使大股东拥有足够的积极性去参与公司治理。随着我国混合所有制改革的大力推行，国有企业逐步放开了对非国有资本的限制，但国有持股水平依然居高不下，为了提高非国有股东的制衡能力，需要适当地增加其持股数量，增加其在董事会中的话语权，否则，出于"搭便车"的心理，非国有股东可能更愿意放弃参与公司的治理和监管。

中国走的是中国特色社会主义市场经济发展的道路，强调以公有制为主体多种所有制共同发展，在完善市场经济制度建设，充分发挥市场在资源配置中的基础性、决定性作用的同时，辅以国家宏观调控，更好地发挥政府的作用。那么，从企业层面来看，非国有资本能够充分发挥其制衡作用，抑制企业过度投资，提高资本配置效率吗？影响国有企业投资效率的因素主要有三个：一是软预算约束。国有企业缺乏融资压力，使其进行投资决策时缺乏必要的谨慎性，很容易导致过度投资的产生。二是市场竞争不足。不少国有企业涉及垄断行业，其投资领域通常存在较强的市场壁垒，非国有资本无法进入，在缺乏竞争压力的环境中，国有企业难有提高效率的动力。三是"所有者缺位"和"多层委托代理问题"。激励不足和收益绩效不挂钩使国有企业高管缺乏提高效率的积极性，过长的委托代理链条在增加了相应成本的同时还会提高监管的难度，最终导致资本配置效率的低下。而通过混合所有制改革能在一定程度上缓解这些问题带来的不利影响。

首先，国有企业之所以会产生软预算约束，一方面是由于国有企业面临危机时，政府通常会选择进行救助，这使国有企业进行投资时缺乏必要的谨慎，降低对投资风险的敏感性，最终导致过度投资行为的频繁发生。另一方面，国有股权一股独大，缺乏有力的内部监督机制，国有股东之间也缺乏相互监督的积极性，使大股东能够很轻易地利用投资决策来牟取私利。而通过混合所有制改革引入非国有资本参与公司治理，加强对过度投资行为的监管，更好地发挥国有企业的政策优势。相比国有股东而言，非国有股东的利益和国有企业的整体利益的联系更加紧密，这迫使他们在进行投资决策的时候会更加地谨慎，并对大股东的非理性投资决策进行监督。而股权制衡度的提高使制衡股东在公司经营决策中拥有更多的话语权，加强其参与监督和管理活动的能力（兰秀文和张玲，2017）。让非国有股东拥有更多的话语权，不仅能抑制国有股权的"一股独大"的现象，同时形成异质股权相互制衡的结构，使企业进行决策的时候能更多地考虑各方的利益，不仅优化了投资决策机制，还能对投资软预算约束进行有效的控制。

其次，缺乏竞争的市场是没有活力的，国有企业能利用其垄断地位轻松地获取利益，而潜在竞争者由于市场壁垒的存在很难进入行业对国有企业形成竞争压力，这对国有企业推行体制创新与提高投资效率形成了阻碍。为了解决这一问题，国家大力推行混合所有制经济，并将部分垄断行业和关键领域（如电信、军工等）逐步向非国有资本开放，让非国有资本也享受到相应的政策扶持和财政补贴，逐步降低垄断行业的"准入门槛"，争取建立一个多种资本能够公平竞争的市场环境。从另一个角度来看，长期处于垄断状态的投资领域无疑拥有很强的提升潜力，通过引入非国有资本参与国有企业的生产经营和投资决策，利用非国有资本的"逐利性"产生"鲶鱼效应"，不仅能提高国有企业本身的投资效率，还能进一步带动整个行业的积极性。由于非国有资本的利益与企业的绩效直接挂钩，随着非国有资本持股比例的增加，他们也会有更大的动力去参与企业投资决策，监督国有大股东的投资行为。

最后，产权理论认为，明晰的产权是实现资源最优配置的必要条件，因为资本的逐利性是推动企业提高效率的主要动力。而国有企业"所有者缺位"的直观表现就是国有股东没有剩余利润的索取权，国有企业绩效与国有股东的利益不直接相关，致使国有企业治理层缺乏监管的动力，而国有产权性质又使股权激励等奖励机制无法对国有企业管理人员产生足够的激励作用，因为管理人员既无法获得股利分红也不能对国有股权进行随意处置，这无疑会打击管理人员的积极性，最终导致国有企业效率低下。从委托代理的角度来看，对国有企业经理人的监督和激励不足是过度投资的主要诱因。"多层代理问题"的产生也源于国有产权的特殊性，因为国有资本的终极所有权属于全体人民，由政府代行股权职能，再由政府寻找代理人来行使具体职能，再往下还有集团公司、子公司、上市公司等一系列的代理关系。这种多层次的委托代理关系不仅会增加信息不对称的程度，还加大了国有股东对代理人行为的监管难度，造成严重的代理问题，降低了国有企业的效率。在这种情况下，混合所有制改革从监管和激励两个角度来看，都是一种较为合理的解决办法。从监管的角度来看，无论是加强自上而下的监督还是聘请第三方机构参与监督，都存在信息不对称和监督成本的问题，而通过引入非国有股东参与国有企业的经营和管理，不仅能够更好地发挥非国有资本灵活的市场机制，资本的逐利性也使他们有足够的动机去监督企业的经营活动，抑制国有企业过度投资行为的发生。同时，相较于国有股东，非国有股东与管理者之间的委托代理关系更加简单，受到政府的干预更少，监管的成本更低，且随着非国有股东持股比例的提高，他们也能掌握更多的内部信息，并进一步提高监管的效率。从激励的角度来看，非国有资本的目的清晰，就是实现股东利益最大化。由于非国有资本的利益与企业的绩效挂钩，那么非国有股东持股比例越高，他们越有动力去充分利用国有企业在融资渠道、技术引进、财税补贴等方面拥有政策优势去获取更多的利益。

综上所述，国有企业通过引入非国有资本形成异质股权相互制衡的混合股权结构，充分利用非国有资本的逐利性和灵活市场机制来激发国有资本的活力，且非国有资本持股比例越高，其也更有动力和能力参与公司的经营决策，减少国有企业的过度投资行为，提高资本的配置效率。据此提出以下假设：

假设3：限定其他条件不变的情况下，混合股权制衡度越高，企业资本配置效率越高。

6.2 研究设计

6.2.1 样本选择

本书选取了2003—2018年沪深两市A股上市公司的年度数据作为初始样本，混合所有制改革数据主要通过手工筛选上市公司年报、金融网站中前十大股东数据，并整理获得。其他财务数据主要来源于CSMAR数据库、WIND数据库。其他处理同本书5.2.3。在此基础上，剔除国有资本完全退出的样本，最终保留2003—2018年的面板数据并获得9828个观测值。

6.2.2 变量定义

（1）混合股权制衡度。本部分借鉴杨志强等（2016）、杨兴全和尹兴强（2018）等的研究，使用上市公司前十大股东中非国有股东持股数量与国有股东持股数的比值来度量混合股权制衡度（MIX）。

（2）资本配置效率。本书研究混合所有制改革对企业微观层面资本配置效率的影响，因此使用投资效率来衡量资本配置效率。根据理查德森（Richardson，2006）、辛清泉等（2007）等的研究，使用预期投资模型 3-1 估计非效率投资，根据前文研究结论可知，混合股权多样性主要通过抑制企业过度投资行为来提高资本配置效率。因此，本部分仅使用过度投资（OINV）以及过度投资的虚拟变量（$OINV_1$）作为资本配置效率的替代度量，具体如上文所述。

6.2.3 模型构建

针对假设 3，检验混合股权制衡度对资本配置效率的影响，本部分借鉴前人研究经验构建模型 6-1 如下：

$$OINV_{it} = \alpha_0 + \alpha_1 MIX_{it} + \sum \alpha_{i+1} X + \varepsilon \qquad 模型（6-1）$$

其中，被解释变量 $OINV_{it}$ 表示过度投资，分别使用过度投资（OINV）和过度投资的虚拟变量（$OINV_1$）进行度量，主要解释变量 MIX_{it} 表示混合股权制衡度，X 表示控制变量组合，具体包括公司规模（$SIZE_{it}$）、资产负债率（LEV_{it}）、盈利能力（ROE）、公司成长性（$Growth_{it}$）、最终控制人性质（$Control_{it}$）、管理费用率（OER_{it}）、会计师事务所规模（BIG4）、董事会规模（$Board_{it}$）、市场化程度（MKT）以及行业和年度虚拟变量。

6.3 实证分析

6.3.1 描述性统计

表 6-1 列示了模型各变量的描述性统计结果：过度投资虚拟变量（$OINV_1$）的均值为 0.4028，说明国有企业 40.28% 的国有企业存在过度投资的现象。混合股权制衡度（MIX）的均值为 1.7358，标准差为 6.7189，中值为 0.0645，75% 分位数为 0.2893，说明在大多数国有上市公司经过混合所有制改革之后非国有资本的制衡度并不高，但也存在少数制衡度很高的样本。在控制变量方面，企业规

模（SIZE）均值为 22.1462，标准差为 1.3083，说明国有企业规模分布较为平均。公司成长性（Growth）均值为 0.1916，中值为 0.1051，说明国有上市公司的经营状况大体是稳步上升的。最终控制人（Control）的均值为 0.867，说明有 13.3% 的国有上市公司的控制权发生了转移。会计师事务所规模（BIG4）的均值为 0.0797，说明仅有 7.97% 的国有上市公司的审计师来自"国际四大"会计师事务所。

表 6-1　描述性统计

变量	样本量	均值	标准差	最小值	最大值	25%分位数	50%分位数	75%分位数
OINV	9828	0.0267	0.0600	0	0.3624	0	0	0.0250
$OINV_1$	9828	0.4028	0.4905	0	1	0	0	1
MIX	9828	1.7358	6.7189	0	50.5323	0.0216	0.0645	0.2893
SIZE	9828	22.1462	1.3083	19.0265	25.8203	21.2228	21.9989	22.9449
LEV	9828	0.5134	0.1887	0.0814	0.9986	0.3827	0.5235	0.6528
ROE	9828	0.0127	1.0171	-53.9594	3.7092	0.0215	0.0605	0.1092
Growth	9828	0.1916	0.5363	-0.6576	3.9244	-0.0292	0.1051	0.2753
Control	9828	0.8670	0.3396	0	1	1	1	1
OER	9828	0.0890	0.0802	0.0075	0.5263	0.0404	0.0696	0.1084
BIG4	9828	0.0797	0.2708	0	1	0	0	0
Board	9828	1.3685	0.3041	0.6931	2.1972	1.0986	1.0986	1.6094
MKT	9828	0.6524	0.4762	0	1	0	1	1

6.3.2　相关性分析

表 6-2 列示了模型主要变量之间的 Pearson 相关系数。混合股权制衡度（MIX）与过度投资（OINV）和过度投资虚拟变量（$OINV_1$）之间的相关系数均为负，这初步说明混合股权制衡度的提高能够抑制企业的过度投资行为，降低过度投资发生的可能性，与本书的预期相符。

在控制变量方面，公司规模（SIZE）、盈利能力（ROE）、公司成长性（Growth）与过度投资（OINV）之间的相关系数显著为正，说明公司规模越大、盈利能力越强、公司成长性越好，过度投资越严重。公司规模（SIZE）、盈利能力（ROE）、公司成长性（Growth）、会计师事务所规模（BIG4）与过度投资虚拟变量（$OINV_1$）之间的相关系数显著为正，说明公司规模越大、盈利能力越

表 6-2 相关性分析

变量	OINV	OINV$_1$	MIX	SIZE	LEV	ROE	Growth	Control	OER	BIG4	Board	MKT
OINV	1											
OINV$_1$	0.556***	1										
MIX	-0.014	-0.014	1									
SIZE	0.041***	0.091***	-0.055***	1								
LEV	0.013	0.068***	0.003	0.317***	1							
ROE	0.022**	0.018*	-0.001	0.053***	-0.115***	1						
Growth	0.238***	0.128***	0.051***	0.047***	0.057***	0.046***	1					
Control	-0.054***	-0.055***	-0.613***	0.109***	0.014	-0.002	-0.066***	1				
OER	-0.008	-0.055***	0.015	-0.328***	-0.171***	-0.109***	-0.141***	-0.063***	1			
BIG4	0.003	0.029***	-0.011	0.303***	0.006	0.022**	-0.003	0.029***	-0.080***	1		
Board	0.009	0.010	-0.108***	0.156***	0.054***	0.006	-0.019*	0.190***	-0.064***	0.108***	1	
MKT	0	0.005	0.021**	0.040***	0.029***	0.016	-0.013	-0.017*	-0.092***	0.061***	0.011	1

注：*、** 和 *** 分别表示在10%、5%和1%的水平上显著。

强、公司成长性越好、会计师事务所规模越大，越有可能发生过度投资。最终控制人性质（Control）与过度投资（OINV）之间的相关系数显著为负，说明国有企业控制权未发生转移，过度投资越少。最终控制人性质（Control）、管理费用率（OER）与过度投资虚拟变量（$OINV_1$）之间的相关系数显著为负，说明国有企业控制权未发生转移、管理费用率越高，越不会产生过度投资。通过方差膨胀因子 VIF 检测，平均 VIF 值为 3.14，表明各变量之间不存在严重的多重共线性问题。

6.3.3 多元回归分析

表 6-3 列示了模型 6-1 的多元回归结果，各模型整体显著。从表 6-3 第一列的 Tobit 回归结果可以看出：混合股权制衡度（MIX）与过度投资（OINV）在 5% 水平上显著负相关（系数为 -0.0006，$t = -2.43$），这表明混合股权制衡度的提高能够抑制企业过度投资，提高资本配置效率，这一结果支持了本书假设 3。从表 6-3 第二列的 Logit 回归结果可以看出：混合股权制衡度（MIX）的系数在 5% 的水平上显著为负，这表明混合股权制衡度越高，国有企业发生过度投资的概率越低，资本配置效率越高，实证结果支持了本书假设 3。

在控制变量方面，企业规模（SIZE）与过度投资（OINV）和过度投资虚拟变量（$OINV_1$）之间的系数均显著为正，这说明企业规模越大，可用自由现金流越多，越有可能产生过度投资行为，过度投资越严重。资产负债率（LEV）与过度投资（OINV）和过度投资虚拟变量（$OINV_1$）之间的系数均显著为正，这说明企业资产负债率越高，还款压力越大，风险越高，企业管理者更有可能作出过度投资的决策，过度投资越严重。盈利能力（ROE）与过度投资（OINV）之间的系数显著为正，这说明企业盈利能力越强，留存收益可能越多，过度投资越严重。公司成长性（Growth）与过度投资（OINV）和过度投资虚拟变量（$OINV_1$）之间的系数均显著为正，这说明企业成长性越好，企业的经营状况越好，留存收益可能越多，越有可能产生过度投资行为，过度投资越严重。

表 6-3　　　　　　　　　　假设 3 的回归结果

变量	模型 6-1 OINV	模型 6-1 $OINV_1$
MIX	-0.0006** (-2.43)	-0.0100** (-2.51)
SIZE	0.0112*** (7.92)	0.1324*** (5.99)

续表

变量	模型 6-1 OINV	模型 6-1 $OINV_1$
LEV	0.0244*** (2.96)	0.6051*** (4.74)
ROE	0.0028* (1.72)	0.0395 (1.42)
Growth	0.0447*** (18.03)	0.4699*** (10.59)
Control	-0.0335*** (-6.41)	-0.4975*** (-6.03)
OER	0.0149 (0.76)	-0.3493 (-1.16)
BIG4	-0.0038 (-0.74)	0.0436 (0.54)
Board	0.0017 (0.37)	0.0484 (0.67)
MKT	0.0016 (0.55)	0.0164 (0.37)
截距项	-0.2515*** (-7.92)	-3.0154*** (-6.09)
年份	控制	控制
行业	控制	控制
观测值	9828	9828
Adj_R^2	0.5474	0.0314
F	609.1607***	424.1382***

注：*、** 和 *** 分别表示在 10%、5% 和 1% 的水平上显著，括号内为 T 值，所有 T 值均经过公司层面的 cluster 调整。

6.3.4 进一步测试

（1）资本配置效率、市场化程度与资本配置效率。前文研究表明，由于我国资本市场的监管和法律法规还不完善，不同地区的外部环境差距较大，会对当地企业的过度投资行为产生影响。因此，为了进一步研究市场化程度对混合股权制衡度与过度投资之间关系的影响，本部分构建模型 6-2：

$$OINV_{it} = \alpha_0 + \alpha_1 MIX_{it} + \alpha_2 MI_{it} + \alpha_3 MIX_{it} \times MI_{it} + \sum \alpha_{i+3} X_{it} + \varepsilon$$

模型（6-2）

其中，被解释变量 $OINV_{it}$ 表示过度投资，分别使用过度投资（$OINV$）和过度投资的虚拟变量（$OINV_1$）进行度量，主要解释变量 MIX_{it} 表示混合股权制衡度，调节变量 MI_{it} 表示市场化程度，按照行业中位数把市场化程度分为两组，生成市场化程度的虚拟变量（MI），当市场化程度高时 MI 取值为 1，否则取值为 0，$MIX_{it} \times MI_{it}$ 表示混合股权制衡度与市场化程度的交乘项。X 表示控制变量组合，具体解释如前文所述。

表 6-4 列示了进一步测试（1）中对模型 6-2 的回归结果。从表 6-4 第一列的回归结果可以看出：混合股权制衡度（MIX）的系数在 10% 的水平上显著为负，交乘项（$MIX \times MKT$）的系数在 5% 的水平上显著为负，这说明混合股权制衡度越高，过度投资越少，资本配置效率越高，且市场化程度对两者之间的关系起正向调节作用。从表 6-4 第二列的回归结果可以看出：混合股权制衡度（MIX）和交乘项（$MIX \times MKT$）的系数均在 5% 的水平上显著为负，这说明混合股权制衡度越高，企业越不可能发生过度投资，资本配置效率越高，且市场化程度对两者之间的关系起正向调节作用。基于此，可以看出，随着市场化程度的提高，金融市场也更加稳定，信息不对称的程度更低，能在一定程度上降低投资的风险以及过度投资发生的可能性。在这种情况下，非国有股东对过度投资行为拥有更强的抑制作用。

表 6-4　　　　　　　　　　进一步测试（1）

变量	模型 6-2 $OINV$	模型 6-2 $OINV_1$
MIX	-0.0005* (-1.88)	-0.0082** (-2.02)
MKT	0.0002 (0.24)	0.0157 (1.40)
$MIX \times MKT$	-0.0002** (-2.18)	-0.0032** (-2.17)
$SIZE$	0.0112*** (7.91)	0.1319*** (5.97)
LEV	0.0243*** (2.94)	0.6047*** (4.73)
ROE	0.0027* (1.70)	0.0387 (1.40)
$Growth$	0.0446*** (17.99)	0.4714*** (10.60)

续表

变量	模型 6-2 OINV	模型 6-2 $OINV_1$
Control	-0.0332*** (-6.36)	-0.4940*** (-5.98)
OER	0.0137 (0.70)	-0.3405 (-1.13)
BIG4	-0.0040 (-0.79)	0.0339 (0.42)
Board	0.0018 (0.40)	0.0532 (0.74)
截距项	-0.2511*** (-7.91)	-3.0255*** (-6.11)
年份	控制	控制
行业	控制	控制
观测值	9828	9828
Adj_R^2	0.5514	0.0318
F	613.6562***	429.6960***

注：*、**和***分别表示在10%、5%和1%的水平上显著，括号内为T值，所有T值均经过公司层面的 cluster 调整。

（2）混合股权制衡度、内部控制与资本配置效率。委托代理问题和信息不对称是导致企业投资效率低下的重要因素，而良好的内部控制不仅有助于提高企业财务报告质量，同时也能够对企业整体生产、经营、管理活动产生规范效应，在一定程度上提高企业信息的透明度，缓解委托代理问题。张超和刘星（2015）的研究也表明，披露内部控制缺陷信息能对企业投资不足和过度投资行为产生影响。为了进一步研究内部控制水平对混合股权制衡度与过度投资之间关系的影响，本部分构建模型6-3：

$$OINV_{it} = \alpha_0 + \alpha_1 MIX_{it} + \alpha_2 IC_{it} + \alpha_3 MIX_{it} \times IC_{it} + \sum \alpha_{i+3} X_{it} + \varepsilon$$

模型（6-3）

其中，被解释变量 $OINV_{it}$ 表示过度投资，分别使用过度投资（$OINV$）和过度投资的虚拟变量（$OINV_1$）进行度量，主要解释变量 MIX_{it} 表示混合股权制衡度，调节变量 IC_{it} 表示内部控制水平，使用 DIB 数据库中内部控制指数进行度量并进行去中心化处理，$MIX_{it} \times IC_{it}$ 表示混合股权制衡度与内部控制水平的交乘项。X 表示控制变量组合，具体解释如前文所述。

表 6-5 列示了进一步测试（2）中对模型 6-3 的回归结果。从表 6-5 第一列的回归结果可以看出：混合股权制衡度（MIX）的系数在 1% 的水平上显著为负，交乘项（MIX×IC）的系数在 5% 的水平上显著为负，这说明混合股权制衡度越高，过度投资越少，资本配置效率越高，且内部控制水平对两者之间的关系起正向调节作用。从表 6-5 第二列的回归结果可以看出：混合股权制衡度（MIX）的系数在 1% 的水平上显著为负，交乘项（MIX×IC）的系数在 5% 的水平上显著为负，这说明混合股权制衡度越高，企业越不可能发生过度投资，资本配置效率越高，且内部控制水平对两者之间的关系起正向调节作用。基于此，可以看出，企业内部控制水平的提高，能在一定程度上缓解信息不对称以及委托代理问题，降低监管的难度，提高非国有股东的监管效率，降低国有企业的过度投资。

表 6-5　　　　　　　　　进一步测试（2）

变量	模型 6-3 OINV	模型 6-3 $OINV_1$
MIX	-0.0007*** (-2.61)	-0.0111*** (-2.76)
IC	0.0074 (0.87)	0.0998 (1.09)
MIX×IC	-0.0003** (-1.98)	-0.0054** (-2.37)
SIZE	0.0080*** (5.30)	0.0902*** (3.83)
LEV	0.0349*** (4.14)	0.7464*** (5.69)
ROE	0.0017 (1.10)	0.0241 (0.96)
Growth	0.0439*** (17.73)	0.4561*** (10.34)
Control	-0.0338*** (-6.48)	-0.5036*** (-6.10)
OER	0.0307 (1.55)	-0.1388 (-0.45)
BIG4	-0.0063 (-1.22)	0.0105 (0.13)
Board	0.0022 (0.48)	0.0591 (0.82)

续表

变量	模型 6-3 OINV	模型 6-3 $OINV_1$
MKT	0.0011 (0.40)	0.0126 (0.28)
截距项	-0.1924*** (-5.81)	-2.2453*** (-4.34)
年份	控制	控制
行业	控制	控制
观测值	9824	9824
Adj_R^2	0.5786	0.0334
F	641.3563***	450.4470***

注：*、**和***分别表示在10%、5%和1%的水平上显著，括号内为T值，所有T值均经过公司层面的cluster调整。

（3）混合股权制衡度、经济政策不确定性与资本配置效率。中国的证券市场还处于转型阶段，相关的法律法规还不健全，在这种情况下，国家出台相关的经济政策会对证券市场和企业的投资决策产生重大的影响。李凤羽和杨墨竹（2015）认为政府在希望通过改变现行经济政策影响企业投资时，也要关注经济政策频繁变动引发的政策不确定性可能对企业投资产生的负面影响。因为哪怕改变的经济政策是利好的，也会造成投资决策的偏差。这一点对国有企业的影响尤为明显，作为公有制经济的典型代表，响应国家经济政策，检验政策实施情况和结果都是国有企业应尽的责任，若国家经济政策发生频繁变更，无疑会对国有企业的投资决策产生影响，增加相应的调整成本。为了进一步研究经济政策不确定性对混合股权制衡度与过度投资之间关系的影响，本部分构建模型6-4：

$$OINV_{it} = \alpha_0 + \alpha_1 MIX_{it} + \alpha_2 EPU_{it} + \alpha_3 MIX_{it} \times EPU_{it} + \sum \alpha_{i+3} X_{it} + \varepsilon$$

模型（6-4）

其中，被解释变量 $OINV_{it}$ 表示过度投资，分别使用过度投资（OINV）和过度投资的虚拟变量（$OINV_1$）进行度量，主要解释变量 MIX_{it} 表示混合股权制衡度，调节变量 EPU_{it} 表示经济政策不确定性①，$MIX_{it} \times EPU_{it}$ 表示混合股权制衡度

---

① 本部分使用斯坦福大学和芝加哥大学联合发布的月度经济政策不确定性指数对我国经济政策不确定性水平进行度量。该指数以香港最大的英文报纸《南华早报》（South China Morning Post，SCMP）为文本分析对象，识别出每个月刊发的有关经济政策不确定性的文章，并将每个月识别出的文章数量除以当月《南华早报》刊发文章的总数量，最终得到月度经济政策不确定性指数。由于本书采用年度数据进行实证分析，因此使用每年月度中国经济不确定性指数的均值作为当年经济政策不确定性（EPU）的度量指标。

与经济政策不确定性的交乘项。X 表示控制变量组合，具体解释如前文所述。

表 6-6 列示了进一步测试（3）中对模型 6-4 的回归结果。从表 6-6 第一列的回归结果可以看出：混合股权制衡度（MIX）的系数在 1% 的水平上显著为负，交乘项（MIX×EPU）的系数在 5% 的水平上显著为正，这说明混合股权制衡度越高，过度投资越少，资本配置效率越高，且经济政策不确定性对两者之间的关系起负向调节作用。从表 6-6 第二列的回归结果可以看出：混合股权制衡度（MIX）的系数在 1% 的水平上显著为负，交乘项（MIX×EPU）的系数在 1% 的水平上显著为正，这说明混合股权制衡度越高，企业越不可能发生过度投资，资本配置效率越高，且经济政策不确定性对两者之间的关系起负向调节作用。基于此，可以看出，当经济政策不确定性较高时，不仅会增加对投资决策进行判断的难度和准确性，还增加了调整投资决策的相关成本，这也相应地增加了非国有股东的监管难度，并在一定程度上削弱了其对过度投资的抑制作用。

表 6-6   进一步测试（3）

变量	模型 6-4 $OINV$	模型 6-4 $OINV_1$
MIX	-0.0017 *** (-3.41)	-0.0267 *** (-3.29)
EPU	-0.0000 (-0.46)	-0.0002 (-0.54)
$MIX \times EPU$	0.0000 ** (2.44)	0.0002 *** (3.09)
$SIZE$	0.0075 *** (5.66)	0.1765 *** (8.31)
LEV	0.0279 *** (3.41)	0.7050 *** (5.07)
ROE	0.0028 * (1.72)	0.9153 ** (2.30)
$Growth$	0.0457 *** (18.60)	0.4748 *** (10.84)
$Control$	-0.0288 *** (-5.54)	-0.0956 (-1.13)
OER	0.0073 (0.37)	-0.0295 (-0.09)
$BIG4$	0.0003 (0.06)	-0.0934 (-1.13)

续表

变量	模型 6-4 $OINV$	模型 6-4 $OINV_1$
$Board$	0.0056 (1.22)	0.1176 (1.62)
MKT	0.0019 (0.67)	-0.0520 (-1.15)
截距项	-0.1982*** (-6.58)	-4.4988*** (-9.46)
行业	控制	控制
观测值	9828	9828
Adj_R^2	0.4859	0.0297
F	540.7152***	392.4558***

注：*、** 和 *** 分别表示在10%、5%和1%的水平上显著，括号内为T值，所有T值均经过公司层面的 cluster 调整。因为控制年度变量会抵消经济政策不确定性对模型的影响，本部分不对年度变量进行控制。

（4）混合股权制衡度、非国有股东类型与资源配置效率。前文研究表明，混合所有制改革能够抑制国有企业的过度投资行为，且随着非国有股东制衡度的提高，对过度投资的抑制作用越强。非国有股东按照性质的不同可以分为民营股东、外资股东、机构投资者股东以及自然人股东，而不同性质的股东在经营目标、投资倾向等方面是存在差异的。基于此，本部分将混合股权制衡度划分为民营股权制衡度（MIX_1）、外资股权制衡度（MIX_2）、机构投资者股权制衡度（MIX_3）以及自然人股权制衡度（MIX_4）四个部分，分别使用民营持股比例、外资持股比例、机构投资者持股比例以及自然人持股比例与国有持股比例的比值进行度量。

表6-7列示了进一步测试（4）中模型6-1的多元回归结果。从表6-7第一列的回归结果可以看出：民营股权制衡度（MIX_1）的系数在5%的水平上显著为负，这表明民营股东制衡能力的提高能够抑制企业过度投资，提高资本配置效率。从表6-7第二列到第四列的回归结果可以看出：外资股权制衡度（MIX_2）、机构投资者股权制衡度（MIX_3）和自然人股权制衡度（MIX_4）的系数均不显著，这表明外资、机构投资者和自然人股东制衡能力的提升并不能对企业过度投资产生显著的抑制作用。从表6-7第五列的回归结果可以看出：民营股权制衡度（MIX_1）的系数在10%的水平上显著为负，这表明民营股东制衡能力越高，企业越不会产生过度投资行为。从表6-7第六列到第八列的回归结果可以看出：外

资股权制衡度（MIX_2）、机构投资者股权制衡度（MIX_3）和自然人股权制衡度（MIX_4）的系数均不显著，这表明外资、机构投资者和自然人股东制衡能力的提升并不能对企业过度投资产生显著的抑制作用。基于此，我们可以看出，在混合股权制衡度与过度投资的关系中，民营股东在对企业过度投资行为的抑制方面发挥了主要作用。

表 6-7　进一步测试（4）

变量	模型 6-1 $OINV$	模型 6-1 $OINV$	模型 6-1 $OINV$	模型 6-1 $OINV$	模型 6-1 $OINV_1$	模型 6-1 $OINV_1$	模型 6-1 $OINV_1$	模型 6-1 $OINV_1$
MIX_1	-0.0002** (-2.08)				-0.0110* (-1.78)			
MIX_2		-0.0018 (-0.57)				-0.0339 (-0.67)		
MIX_3			0.0005 (0.41)				-0.0184 (-0.95)	
MIX_4				0.0013 (0.51)				-0.0378 (-0.95)
$SIZE$	0.0113*** (7.97)	0.0113*** (7.99)	0.0113*** (8.00)	0.0114*** (8.00)	0.1327*** (6.01)	0.1337*** (6.06)	0.1332*** (6.04)	0.1323*** (5.98)
LEV	0.0244*** (2.96)	0.0241*** (2.93)	0.0242*** (2.93)	0.0242*** (2.94)	0.6080*** (4.76)	0.6017*** (4.71)	0.6035*** (4.72)	0.6028*** (4.72)
ROE	0.0028* (1.73)	0.0028* (1.73)	0.0028* (1.73)	0.0028* (1.73)	0.0399 (1.43)	0.0399 (1.43)	0.0399 (1.43)	0.0397 (1.42)
$Growth$	0.0447*** (18.05)	0.0445*** (17.96)	0.0445*** (17.95)	0.0445*** (17.95)	0.4690*** (10.57)	0.4672*** (10.53)	0.4689*** (10.56)	0.4686*** (10.56)
$Control$	-0.0282*** (-6.47)	-0.0268*** (-6.00)	-0.0251*** (-5.30)	-0.0248*** (-5.11)	-0.4477*** (-5.73)	-0.3893*** (-5.55)	-0.4064*** (-5.45)	-0.4099*** (-5.38)
OER	0.0154 (0.79)	0.0161 (0.82)	0.0163 (0.83)	0.0164 (0.84)	-0.3398 (-1.13)	-0.3269 (-1.09)	-0.3217 (-1.07)	-0.3248 (-1.08)
$BIG4$	-0.0040 (-0.78)	-0.0035 (-0.68)	-0.0040 (-0.78)	-0.0039 (-0.75)	0.0371 (0.46)	0.0491 (0.60)	0.0456 (0.56)	0.0408 (0.50)
$Board$	0.0015 (0.33)	0.0017 (0.37)	0.0016 (0.35)	0.0016 (0.35)	0.0453 (0.63)	0.0490 (0.68)	0.0464 (0.65)	0.0464 (0.65)
MKT	0.0015 (0.54)	0.0015 (0.52)	0.0015 (0.53)	0.0015 (0.51)	0.0181 (0.41)	0.0157 (0.35)	0.0141 (0.31)	0.0159 (0.36)
截距项	-0.2575*** (-8.15)	-0.2597*** (-8.22)	-0.2612*** (-8.25)	-0.2622*** (-8.24)	-3.0611*** (-6.19)	-3.1464*** (-6.40)	-3.1179*** (-6.32)	-3.0940*** (-6.24)

续表

变量	模型6-1 $OINV$	模型6-1 $OINV$	模型6-1 $OINV$	模型6-1 $OINV$	模型6-1 $OINV_1$	模型6-1 $OINV_1$	模型6-1 $OINV_1$	模型6-1 $OINV_1$
年份	控制	控制	控制	控制	控制	控制	控制	控制
行业	控制	控制	控制	控制	控制	控制	控制	控制
观测值	9828	9828	9828	9828	9828	9828	9828	9828
Adj_R^2	0.5462	0.5423	0.5422	0.5422	0.0312	0.0310	0.0310	0.0310
F	607.8344***	603.5190***	603.3618***	603.4482***	420.9443***	418.1936***	418.6427***	418.6563***

注：*、**和***分别表示在10%、5%和1%的水平上显著，括号内为T值，所有T值均经过公司层面的cluster调整。

(5) 混合股权制衡度、政策变更与资源配置效率。2013年11月，党的十八届三中全会明确提出"积极发展混合所有制经济"，这意味着我国国有企业改革进入了新的阶段。随着政策的变更，我国国有企业混合所有制改革的推行力度也得到了相应的增强，这也会对国有企业的改革效果带来影响。因此，为了进一步研究政策变更对混合股权制衡度与过度投资之间关系的影响，本部分构建模型6-5：

$$OINV_{it} = \alpha_0 + \alpha_1 MIX_{it} + \alpha_2 PC_{it} + \alpha_3 MIX_{it} \times PC_{it} + \sum \alpha_{i+3} X_{it} + \varepsilon$$

模型（6-5）

其中，被解释变量 $OINV_{it}$ 表示过度投资，主要解释变量 MIX_{it} 表示混合股权制衡度，调节变量 PC 表示政策变更，$MIX_{it} \times PC_{it}$ 表示混合股权制衡度与政策变更的交乘项。X 表示控制变量组合，具体解释如前文所述。

表6-8列示了模型6-5的回归结果。从表6-8第一列的回归结果可以看出：混合股权制衡度（MIX）的系数在1%的水平上显著为负，交乘项（$MIX \times PC$）的系数在5%的水平上显著为负，这表明政策变更之后，国有企业混合股权制衡度的增加对过度投资的抑制作用更强，能更好地提高资本配置效率。从表6-8第二列的回归结果可以看出：混合股权制衡度（MIX）的系数在10%的水平上显著为负，交乘项（$MIX \times PC$）的系数在10%的水平上显著为负，这表明政策变更之后，国有企业混合股权制衡度的增加对过度投资的抑制作用更强，企业更不容易发生过度投资行为。综上所述，混合所有制改革相关政策的变更提高了混合股权制衡度对过度投资的抑制作用，更好地提高资本配置效率。

表 6-8　　进一步测试（5）

变量	模型 6-5 OINV	模型 6-5 $OINV_1$
MIX	-0.0010 *** (-3.20)	-0.0100 * (-1.94)
PC	0.0108 *** (3.29)	0.0194 (0.37)
MIX × PC	-0.0008 ** (-2.05)	-0.0098 * (-1.90)
SIZE	0.0092 *** (6.81)	0.1841 *** (8.67)
LEV	0.0241 *** (2.94)	0.5895 *** (4.55)
ROE	0.0026 (1.60)	0.0226 (0.91)
Growth	0.0449 *** (18.31)	0.4845 *** (11.13)
Control	-0.0300 *** (-5.77)	-0.0997 (-1.18)
OER	0.0125 (0.64)	-0.1994 (-0.65)
BIG4	-0.0014 (-0.26)	-0.0876 (-1.06)
Board	0.0041 (0.91)	0.1163 (1.61)
MKT	0.0017 (0.60)	-0.0509 (-1.12)
截距项	-0.2268 *** (-7.36)	-4.5985 *** (-9.47)
行业	控制	控制
观测值	9828	9828
Adj_R^2	0.4917	0.0288
F	547.2419 ***	380.5278 ***

注：*、** 和 *** 分别表示在 10%、5% 和 1% 的水平上显著，括号内为 T 值，所有 T 值均经过公司层面的 cluster 调整。因为控制年度变量会抵消政策变更对模型的影响，本部分不对年度变量进行控制。

（6）混合股权制衡度与投资不足。前文的研究表明，混合股权多样性与股权制衡主要通过抑制国有企业的过度投资行为来提高资本配置效率，而对投资不足的影响并不显著，那么，混合股权制衡度提高是否能对投资不足产生影响呢？为

了进一步研究混合股权制衡度与投资不足之间关系的影响,本部分构建模型6-6:

$$UINV_{it} = \alpha_0 + \alpha_1 MIX_{it} + \sum \alpha_{i+1} X_{it} + \varepsilon \qquad 模型(6-6)$$

其中,被解释变量 $UINV_{it}$ 表示投资不足,主要解释变量 MIX_{it} 表示混合股权制衡度。X 表示控制变量组合,具体解释如前文所述。

表6-9列示了进一步测试(6)中对模型6-6的回归结果。从表6-9的回归结果可以看出:混合股权制衡度(MIX)的系数不显著,这说明混合股权制衡度对投资不足的影响并不显著,这与前文研究结论基本一致,即混合股权制衡主要通过抑制国有企业的过度投资行为来提高资本配置效率而不是投资不足。

表6-9 进一步测试(6)

变量	模型6-6 OINV
MIX	0.0001 (1.42)
SIZE	-0.0029*** (-9.10)
LEV	-0.0101*** (-5.51)
ROE	-0.0001 (-0.40)
Growth	-0.0062*** (-9.62)
Control	0.0000 (0.03)
OER	0.0020 (0.47)
BIG4	0.0003 (0.23)
Board	-0.0021** (-2.03)
MKT	0.0006 (0.86)
截距项	0.0802*** (11.07)
年份	控制
行业	控制

续表

变量	模型 6-6 OINV
观测值	9828
Adj_R^2	0.0304
F	662.7088***

注：*、**和***分别表示在10%、5%和1%的水平上显著，括号内为T值，所有T值均经过公司层面的cluster调整。

6.3.5 稳健性检验

为了增强本书结论的稳健性，本部分拟从以下两个方面进行稳健性测试：

（1）主要变量的替代度量。

①混合股权制衡度的替代度量。本部分借鉴马连福等（2015）的研究，仅使用民营资本和外资资本之和与国有资本的比值作为混合股权制衡度的替代度量（MIX），并对假设3进行检验。因为机构投资者和自然人的投资目的更多是通过短期持有来获取差价，而民营股东和外资股东可能更倾向于通过长期持有来获取企业分红收益，因此，他们更有动机去参与公司经营和管理活动，能发挥更强的制衡作用。

表6-10列示了模型6-1的回归结果。从表6-10第一列的回归结果可以看出：混合股权制衡度（MIX）的系数在1%的水平上显著为负，这说明混合股权制衡度越高，过度投资越少，资本配置效率越高，这与前文结论基本一致，证明假设3的回归结果是稳健的。从表6-10第二列的回归结果可以看出：混合所有制改革程度（MIX）的系数在10%的水平上显著为负，这说明混合股权制衡度越高，企业越不可能发生过度投资，资本配置效率越高，这与前文结论基本一致，证明假设3的回归结果是稳健的。

表6-10　　　　　　　　稳健性测试（1）

变量	模型 6-1 OINV	模型 6-1 $OINV_1$
MIX	-0.0010*** (-2.65)	-0.0115* (-1.86)
SIZE	0.0112*** (7.94)	0.1327*** (6.01)
LEV	0.0246*** (2.98)	0.6077*** (4.75)

续表

变量	模型 6-1 OINV	模型 6-1 $OINV_1$
ROE	0.0028 * (1.72)	0.0399 (1.43)
Growth	0.0447 *** (18.03)	0.4690 *** (10.57)
Control	-0.0334 *** (-6.60)	-0.4562 *** (-5.73)
OER	0.0148 (0.76)	-0.3420 (-1.14)
BIG4	-0.0042 (-0.82)	0.0392 (0.48)
Board	0.0015 (0.34)	0.0461 (0.64)
MKT	0.0017 (0.60)	0.0183 (0.41)
截距项	-0.2513 *** (-7.92)	-3.0542 *** (-6.18)
年度	控制	控制
行业	控制	控制
观测值	9828	9828
Adj_R^2	0.5484	0.0312
F	610.2898 ***	421.2490 ***

注：*、** 和 *** 分别表示在 10%、5% 和 1% 的水平上显著，括号内为 T 值，所有 T 值均经过公司层面的 cluster 调整。

②过度投资的替代度量。本书使用托宾 Q 作为公司成长性的替代变量代入模型 3-1，并以估计模型的残差为基础计算并生成过度投资（OINV）和过度投资的虚拟变量（$OINV_1$）作为过度投资的替代度量，然后对假设 3 进行检验。

表 6-11 列示了模型 6-1 的回归结果。从表 6-11 第一列的回归结果可以看出：混合股权制衡度（MIX）的系数在 5% 的水平上显著为负，这说明混合股权制衡度越高，过度投资越少，资本配置效率越高，这与前文结论基本一致，证明假设 3 的回归结果是稳健的。从表 6-11 第二列的回归结果可以看出：混合所有制改革程度（MIX）的系数在 5% 的水平上显著为负，这说明混合股权制衡度越高，企业越不可能发生过度投资，资本配置效率越高，这与前文结论基本一致，证明假设 3 的回归结果是稳健的。

表 6-11 稳健性测试（2）

变量	模型 6-1 $OINV$	模型 6-1 $OINV_1$
MIX	-0.0004** (-2.10)	-0.0092** (-2.23)
SIZE	0.0082*** (8.24)	0.1546*** (6.83)
LEV	0.0224*** (3.87)	0.6807*** (4.88)
ROE	0.0012 (1.18)	0.7590* (1.94)
Growth	0.0295*** (17.12)	0.5429*** (11.75)
Control	-0.0109*** (-2.91)	-0.2157** (-2.56)
OER	0.0124 (0.91)	0.2553 (0.82)
BIG4	-0.0023 (-0.63)	-0.0795 (-0.96)
Board	0.0044 (1.37)	0.1312* (1.80)
MKT	-0.0021 (-1.06)	-0.0869* (-1.92)
截距项	-0.2089*** (-9.34)	-4.1600*** (-8.27)
年度	控制	控制
行业	控制	控制
观测值	9845	9845
Adj_R^2	-0.4333	0.0328
F	539.9271***	434.8902***

注：*、** 和 *** 分别表示在10%、5%和1%的水平上显著，括号内为T值，所有T值均经过公司层面的 cluster 调整。

（2）内生性问题控制。

①控制个体效应。为了控制遗漏变量产生的内生性问题对研究结论的影响，使用固定效应模型控制了企业的个体效应，并对假设3进行检验。表6-12列示了模型6-1的回归结果。从表6-12第一列的回归结果可以看出：混合股权制衡度（MIX）的系数在5%的水平上显著为负，这说明混合股权制衡度越高，过

度投资越少,资本配置效率越高,这与前文结论基本一致,证明假设3的回归结果是稳健的。从表6-12第二列的回归结果可以看出:混合所有制改革程度(MIX)的系数在10%的水平上显著为负,这说明混合股权制衡度越高,企业越不可能发生过度投资,资本配置效率越高,这与前文结论基本一致,证明假设3的回归结果是稳健的。

表6-12 稳健性测试(3)

变量	模型6-1 $OINV$	模型6-1 $OINV_1$
MIX	-0.0006** (-2.18)	-0.0090* (-1.80)
$SIZE$	0.0139*** (7.71)	0.2133*** (4.34)
LEV	0.0062 (0.64)	-0.0836 (-0.41)
ROE	0.0023 (1.47)	0.0212 (0.80)
$Growth$	0.0439*** (18.00)	0.4834*** (10.36)
$Control$	-0.0403*** (-6.61)	-0.8154*** (-6.06)
OER	0.0104 (0.47)	-0.2207 (-0.51)
$BIG4$	-0.0069 (-1.09)	-0.0729 (-0.48)
$Board$	-0.0002 (-0.03)	-0.1583 (-1.03)
MKT	0.0013 (0.38)	-0.1079 (-1.31)
截距项	-0.2876*** (-7.05)	—
年度	控制	控制
行业	控制	控制
观测值	9828	9828
F	560.1677***	327.9543***

注:*、** 和 *** 分别表示在10%、5%和1%的水平上显著,括号内为T值,控制了行业、年度和公司个体效应。

②安慰剂检验。将混合股权制衡度置前三期作为其安慰剂,并将其代入模型6-1进行检验,表6-13列示了模型6-1的回归结果。从表6-13第一列和第二列的回归结果可以看出:混合股权制衡度(MIX)的系数均不显著,这一结果证明假设3的回归结果是稳健的。

表6-13　　　　　　　　　　稳健性测试(4)

变量	模型6-1 $OINV$	模型6-1 $OINV_1$
MIX	-0.0003 (-1.08)	-0.0034 (-0.87)
SIZE	0.0125*** (7.46)	0.1414*** (5.60)
LEV	0.0352*** (3.63)	0.7296*** (4.98)
ROE	0.0114*** (3.37)	0.2033** (2.42)
Growth	0.0432*** (15.35)	0.4756*** (9.67)
Control	-0.0261*** (-4.26)	-0.3306*** (-3.59)
OER	0.0231 (1.00)	-0.1233 (-0.35)
BIG4	-0.0020 (-0.34)	0.0772 (0.84)
Board	0.0026 (0.50)	0.0654 (0.82)
MKT	0.0039 (1.17)	0.0478 (0.96)
截距项	-0.3025*** (-8.11)	-3.4721*** (-6.17)
年度	控制	控制
行业	控制	控制
观测值	7999	7999
Adj_R^2	0.3998	0.0300
F	513.2125***	325.2782***

注:*、**和***分别表示在10%、5%和1%的水平上显著,括号内为T值,所有T值均经过公司层面的cluster调整。

③双聚类调整。本书的样本数据是一个典型的面板数据结构,为了进一步控制面板数据可能发生的公司间截面相关和时间序列上的自相关等问题,本部分借鉴彼得森(Petersen,2009)的稳健估计模型方法,在公司层面和年度层面对回归分析结果进行了 cluster 调整,分别对假设 3 进行检验,同时在公司层面和时间层面对标准误进行聚类,从而解决组内相关性问题所导致的标准误偏差。

表 6-14 列示了模型 6-1 的回归结果。从表 6-14 第一列的回归结果可以看出:混合股权制衡度(MIX)的系数在 5% 的水平上显著为负,这说明混合股权制衡度越高,过度投资越少,资本配置效率越高,这与前文结论基本一致,证明假设 3 的回归结果是稳健的。从表 6-14 第二列的回归结果可以看出:混合所有制改革程度(MIX)的系数在 1% 的水平上显著为负,这说明混合股权制衡度越高,企业越不可能发生过度投资,资本配置效率越高,这与前文结论基本一致,证明假设 3 的回归结果是稳健的。

表 6-14 稳健性测试(5)

变量	模型 6-1 $OINV$	模型 6-1 $OINV_1$
MIX	-0.0007** (-2.52)	-0.0102*** (-2.77)
$SIZE$	0.0072*** (3.16)	0.1189*** (2.70)
LEV	0.0130 (0.99)	0.4427** (2.20)
ROE	0.0024 (1.09)	0.0296 (0.76)
$Growth$	0.0457*** (9.58)	0.4596*** (7.15)
$Control$	-0.0285*** (-5.40)	-0.4730*** (-4.60)
OER	0.0195 (0.69)	-0.2584 (-0.55)
$BIG4$	-0.0016 (-0.21)	0.0399 (0.31)
$Board$	0.0081 (1.34)	0.0688 (0.60)
MKT	0.0001 (0.03)	-0.0092 (-0.17)

续表

变量	模型 6-1 OINV	模型 6-1 $OINV_1$
截距项	-0.2006*** (-3.72)	-2.9910*** (-3.25)
年度	控制	控制
行业	控制	控制
观测值	9828	9828
Adj_R^2	—	0.0212
F		259.66***

注：*、** 和 *** 分别表示在 10%、5% 和 1% 的水平上显著，括号内为 T 值，所有 T 值均经过公司层面和时间层面的 cluster 调整。

④PSM 配对。为了控制样本非随机性选择偏差的影响，借鉴查克拉瓦蒂和卢瑟福（Chakravarty & Rutherford，2017）的做法，本部分采用 PSM 配对检验假设 3。以混合股权多样性 75% 分位数及以上部分作为处理组，根据资产规模、资产负债率、盈利能力、混合股权制衡度的行业中值等相近的同行业、同年度的公司进行 1∶1 配对，最终得到 4634 个观测值，并对假设 3 进行检验。

表 6-15 列示了模型 6-1 的回归结果。从表 6-15 第一列的回归结果可以看出：混合股权制衡度（MIX）的系数在 5% 的水平上显著为负，这说明混合股权制衡度越高，过度投资越少，资本配置效率越高，这与前文结论基本一致，证明假设 3 的回归结果是稳健的。从表 6-15 第二列的回归结果可以看出：混合所有制改革程度（MIX）的系数在 1% 的水平上显著为负，这说明混合股权制衡度越高，企业越不可能发生过度投资，资本配置效率越高，这与前文结论基本一致，证明假设 3 的回归结果是稳健的。

表 6-15　　　　　　　　　稳健性测试（6）

变量	模型 6-1 OINV	模型 6-1 $OINV_1$
MIX	-0.0006** (-2.22)	-0.0119*** (-2.82)
SIZE	0.0100*** (4.68)	0.1199*** (3.53)
LEV	0.0123 (1.04)	0.4606** (2.48)

续表

变量	模型 6-1 $OINV$	模型 6-1 $OINV_1$
ROE	0.0012 (0.66)	0.0082 (0.29)
Growth	0.0482*** (12.90)	0.5204*** (7.56)
Control	-0.0319*** (-5.69)	-0.4797*** (-5.35)
OER	0.0228 (0.83)	0.0569 (0.13)
BIG4	-0.0003 (-0.05)	0.0643 (0.53)
Board	-0.0068 (-1.00)	-0.1215 (-1.12)
MKT	0.0005 (0.13)	-0.0059 (-0.09)
截距项	-0.2134*** (-4.55)	-2.4526*** (-3.30)
年度	控制	控制
行业	控制	控制
观测值	4634	4634
Adj_R^2	0.6180	0.0372
F	306.0892***	238.6753***

注：*、** 和 *** 分别表示在 10%、5% 和 1% 的水平上显著，括号内为 T 值，所有 T 值均经过公司层面的 cluster 调整。

⑤Heckman 二阶段。为了缓解对混合所有制企业样本选择所带来的偏差，本书使用 Heckman 两阶段回归来确保研究结果的稳健性。第一阶段以混合股权制衡度的 75% 分位数作为节点将样本分为两组，并以此生成分组变量回归得出逆米尔斯比率（IMR）。第二阶段把逆米尔斯比率（IMR）作为控制变量加入模型 6-1 进行回归分析，重新对假设 3 进行检验。

表 6-16 列示了模型 6-1 的回归结果。从表 6-16 第一列的回归结果可以看出：混合股权制衡度（MIX）的系数在 5% 的水平上显著为负，逆米尔斯比率（IMR）的系数在 5% 的水平上显著为正，这说明在控制样本选择偏差后，混合股权制衡度越高，过度投资越少，资本配置效率越高，这与前文结论基本一致，证明假设 3 的回归结果是稳健的。从表 6-16 第二列的回归结果可以看出：混合所

有制改革程度（MIX）的系数在5%的水平上显著为负，逆米尔斯比率（IMR）的系数在1%的水平上显著为正，这说明在控制样本选择偏差后，混合股权制衡度越高，企业越不可能发生过度投资，资本配置效率越高，这与前文结论基本一致，证明假设3的回归结果是稳健的。

表6–16　　稳健性测试（7）

变量	模型6–1 $OINV$	模型6–1 $OINV_1$
MIX	−0.0007** (−2.55)	−0.0096** (−2.34)
SIZE	0.0070*** (3.03)	0.0740** (2.02)
LEV	0.0365*** (3.69)	0.8488*** (5.43)
ROE	0.0033** (2.05)	0.0307 (1.36)
Growth	0.0440*** (17.70)	0.5405*** (11.75)
Control	−0.1724*** (−2.74)	−3.1507*** (−3.18)
OER	0.0159 (0.81)	0.1505 (0.50)
BIG4	−0.0047 (−0.91)	−0.0902 (−1.09)
Board	0.0020 (0.43)	0.1367* (1.88)
MKT	0.0102** (2.10)	0.0966 (1.26)
IMR	0.0653** (2.22)	1.3794*** (2.97)
截距项	−0.1779*** (−3.92)	−2.7176*** (−3.82)
年度	控制	控制
行业	控制	控制
观测值	9824	9824
Adj_R^2	0.5512	0.0332
F	610.9694***	440.7767***

注：*、**和***分别表示在10%、5%和1%的水平上显著，括号内为T值，所有T值均经过公司层面的cluster调整。

6.4 本章小结

前文从异质股权制衡的角度研究了国有企业经过混合所有制改革后，混合股权多样性对资本配置效率的影响及其作用机制。本章则以国有资本与非国有资本之间的制衡关系这个混合所有制改革的核心问题作为切入点，采用中国 A 股上市公司 2003—2018 年的数据作为研究样本，进一步分析了混合股权制衡度与资本配置效率之间的关系。检验结果表明：

（1）在全样本中，混合股权制衡度的增加能够抑制国有企业的过度投资行为。因为随着混合股权制衡度的增加，一方面能使非国有股东的利益与国有企业捆绑得更加紧密，使他们更有动机去监督国有企业的过度投资行为。另一方面，也使非国有股东拥有更强的监督能力，能更好地抑制国有企业的过度投资，提高资本配置效率。

（2）进一步地，市场化程度会影响混合股权制衡度与过度投资之间的关系。较高的市场化程度意味着证券市场信息透明度更高，法律法规更健全，对投资决策进行科学判断的效率更高，非国有股东的制衡作用能得到更好的发挥，对过度投资的抑制作用更显著。

（3）内部控制水平越高，混合股权制衡度对过度投资的抑制作用越高。提高企业的内部控制水平能在一定程度上缓解国有企业信息不对称和委托代理问题，提高非国有股东的制衡效率。

（4）经济政策不确定性越高，混合股权制衡度对过度投资的抑制作用越低。由于中国的证券市场还处于转型阶段，相关的法律法规还不健全，在这种情况下，国家需要出台各种相关的经济政策对市场进行调整。若国家经济政策发生频繁的变更，无疑会增加投资的风险以及对投资决策可行性判断的难度，这也会加大非国有股东的监管难度，削弱非国有股东的制衡作用。

（5）非国有股东按照性质的不同主要可以分为民营股东、外资股东、机构投资者股东以及自然人股东，在这几种非国有股东中，民营股东对过度投资的制衡作用较为显著。这说明，相比其他性质的股东，民营股东可能更看中能获取长期收益的股权投资，使他们会更加积极去参加国有企业的经营管理活动，通过降低企业过度投资的方式来提高收益。

（6）党的十八届三中全会提出的"积极发展混合所有制经济"意味着我国国有企业改革进入新阶段。随着政策的变更，混合股权制衡度对过度投资的抑制作用更显著。

（7）混合股权制衡度对投资不足的影响并不显著，其主要通过抑制国有企业过度投资行为来提高资本配置效率。

（8）在稳健性测试中，分别对混合股权制衡度、过度投资进行替代度量并对模型 6-1 进行检验，回归结果与主测试基本一致。然后通过控制企业的个体效应、安慰剂检验、双聚类调整、PSM 配对以及 Heckman 二阶段等方法，缓解内生性问题，并分别对模型 6-1 进行检验，回归结果与主测试基本一致。

通过对本章与第 5 章研究结果的分析，我们检验了混合股权多样性、异质股权制衡对过度投资的影响以及混合股权制衡度对过度投资的影响。我们发现混合所有制改革希望利用非国有资本的逐利性刺激国有资本的活力，通过抑制企业过度投资行为来提高资本的配置效率。但国有企业不仅要考虑企业绩效的问题，还需要承担必要的社会责任，而国有企业根据功能的不同，需要承担的社会责任也存在很大的差异，那么，国有企业不同分类下的混合所有制改革的目的也不相同。在下面的章节中，我们将进一步探讨混合股权制衡度与资本配置效率在不同类型国有企业中的关系及作用机制，本章的研究为展开第 7 章的研究打下了基础。

第 7 章 混合所有制分类改革与资本配置效率的实证检验

本章研究基于国有企业分类改革视角下的混合所有制改革与资本配置效率之间的关系。具体分析混合股权制衡度对不同功能国有企业的过度投资的影响，以及应该如何进行混合所有制改革才能提高资本配置效率，为我国推行混合所有制改革提供数据支持。

7.1 理论分析与假设提出

2015 年国务院接连发布了《关于深化国有企业改革的指导意见》（以下简称《指导意见》）与《关于国有企业发展混合所有制经济的意见》（以下简称《意见》），其中强调国有企业混改应该分类推行：（1）将全部国有企业分为"商业类"与"公益类"；（2）将"商业类"国有企业分为"充分竞争类"和"重要行业和关键领域类"；（3）将"重要行业和关键领域类"国有企业分为"国家安全、经济命脉、专项任务类"和"自然垄断类"。这三层"一分二"实际上把国有企业分为四个类型，即"充分竞争类""国家安全、经济命脉、专项任务类""自然垄断类""公益类"。根据不同类型的国有企业采取不同的改革方案，其核心是混改目标、国有股比例和股权结构上的差异。《指导意见》提到不同类型国有企业要采取各异的国有股比例，处于"充分竞争类"国有企业，要以实现国有资产保值增值为主要目标，追逐国有资本收益的最大化，积极吸引各种资本实现股权多元化，充分发挥市场机制"优胜劣汰，自负盈亏"，允许国有资本参股、部分退出甚至全部退出；"国家安全、经济命脉、专项任务类"国有企业，则要保持国有资本绝对控股或者相对控股，可对非国有资本开放相对高质量的领域，如近年军工企业和油气企业都开放了混改试点；"自然垄断类"国有企业强调政企分开、政资分开、特许经营、政府监管，根据不同领域情况，适当引入非国有资本；"公益类"国有企业则要推进投资主体多元化，鼓励非国有资本参与企业经营和管理。

可以看出国有企业分类改革的着眼点主要是国家功能的重要性以及社会责任

与经济效益之间的权衡（杨瑞龙，2014）。黄群慧和余菁（2013）以功能性为依据将国有企业划分为"公共政策性""特定功能性""一般商业性"，他们认为国有企业分类改革能够有效地避开混合所有制改革过程中的"使命冲突""认识误区"。陈俊龙和汤吉军（2016）发现政府目标、国有企业混改类型、国有资本及引进的非国有资本配置效率等多种因素都会影响国有股最优比例，其中非国有资本配置效率及国有企业混改类型是制约国有股最优比例的两个最重要因素。

本部分以"商业类"国有企业为主要研究对象，因为"公益类"国有企业追求社会性服务性目标，主要提供公共产品和服务，不能谋求盈利。关于这类国有企业的混改方式，《意见》提出，可以通过特许经营、购买服务、委托代理等方式，鼓励符合相关资质条件的非国有资本参与经营，其混改目标不是提高企业绩效，而是优化股权结构，确保公共产品和服务质量同时降低成本。而本部分主要研究的是混合所有制分类改革对资本配置效率的影响，因而排除"公益类"国有企业。

"充分竞争类"国有企业是通过混合所有制改革使之成为政企分开、产权明晰化、产权主体多元化、管理科学的市场竞争主体，并以利润最大化为经营目标参与市场竞争，以法人资产承担责任，不需要承担硬性的社会责任，没有过高的行业壁垒，市场信息较为透明，推行混改的难度较低。同时，这类国有企业的生产经营以市场选择为主导，以提高企业整体效益为目标，这与民营资本的经营目标和行为模式较为接近，在经过混合所有制改革之后，不同资本之间能更好地相互适应，在形成异质股东相互制衡的股权结构的同时，实现多种资本的共同发展，促进国有企业的体制创新，以更加积极的姿态参与市场竞争，以更加谨慎的态度面对投资决策。产权理论认为产权明晰和零交易成本是实现资本最优配置的重要条件，威廉姆森（Williamson，1979）将交易成本进一步分为搜索成本、信息成本、议价成本、决策成本、监督成本和违约成本。在一个充分竞争的市场中，较低行业壁垒和较高的信息透明度能在不同程度上降低上述各种类型的交易成本，这使"充分竞争类"国有企业的混合所有制改革能更好地优化资本的配置效率。刘新民等（2016）也发现，在商业类中央国有公司中适当引入机构投资者能够提高企业效率。同时，"充分竞争类"国有企业的政策性负担更少，这使非国有股东在对企业投资决策进行监督时受到的政治干预更少，对过度投资的抑制作用更强，进而提高资本的配置效率。

"重要行业类"国有企业涉及国家安全与国民经济命脉，需要承担重大专项任务，《意见》中提出，这类国有企业的混改应当以自身发展和经济活动为基础，不仅追求利润最大化目标，还承担一定的社会义务，同时还需要超前发展，为其他产业的发展提供基础性条件，以实现特定国家功能为目标，形成国有控股的多元股权结构。美国著名经济学家约瑟夫·斯蒂格利茨的政府干预理论认为，[①] 当市场不完备、信息不完全、竞争不完全时，市场机制不会自己达到帕累托最优。市场失灵不再局限于外部性、公共产品等狭隘范围，而是无处不在的。这就为政府干预提供了广阔的潜在空间。为了弥补市场失灵，政府干预应该遍布各个经济部门和领域，而不仅仅是制定法规、再分配和提供公共品。但就如市场失灵普遍存在一样，政府干预也同样存在失灵问题，从而导致严重的缺乏效率。导致政府干预失灵的具体原因包括缺乏竞争、没有破产威胁、承担社会目标、过分追求公平和限制职权范围等。我国国有企业作为政府干预的主要工具和载体，需要承担相应的社会责任、发挥特定的国家功能，这使国有企业更容易受到政府干预失灵的影响，而这种影响在"重要行业类"国有企业中显得尤为明显。

对"重要行业类"国有企业而言，其提供的产品具有排他性，且具有自然垄断特征，一般宜采用国有国控模式，即垄断性国有企业应该进行股份制改造，但国有资本应具有控制地位（中国宏观经济分析与预测课题组，2017），其自然垄断特性是由生产技术的性质所决定的，与产权结构没有内在联系，如果因为垄断而导致效率损失和福利损失的话，那么国有部门所带来的效率损失未必就比非国有部门大。大量的实证研究表明，在由垄断导致的市场失灵领域，私有企业等非国有企业和国有企业相比并无制度上的优势。也就是说，两者面临的约束条件是一样的，不存在说国有企业就必然在效率上弱于非国有企业。对于处在重要行业的国有企业需要通过混合所有制改革引入多元化投资主体，其目的是明晰产权关系，确立法人财产权，尤其需要排除行政性垄断，规范政府与企业之间的关系，完善公司治理结构，优化激励机制，强化市场对公司的约束与激励。可以发现，这类企业引入混合所有制改革的主要目的并不是提高投资效率。同时，这类国有企业的投资决策往往会受到更多政治干预的影响，这也会加大非国有股东的监管难度，削弱非国有股东对过度投资的抑制作用。另外，由于涉及行业的特殊性，使"重要行业类"国有企业有着较高的准入门槛，一般的非国有资本很难进入或者缺乏对高壁垒领域的投资经验，这使其没有足够的能力参与公司的投资决策。

[①] 约瑟夫·斯蒂格利茨. 政府在经济发展中的作用 [M]. 世行经济发展年会报告集，Stock No. 13786，1997.

综上所述,在"充分竞争类"国有企业中,非国有资本能充分地发挥其灵活的市场机制,随着非国有股东持股比例的提高,其对过度投资的制衡作用越强,资本配置效率越高;在"重要行业类"国有企业中,由于存在自然垄断特征,对非国有资本的开放程度相对较低,且国有资本与非国有资本的经营目标存在一定偏差,这导致非国有股东很难对企业投资决策进行有效的监督。据此,本书提出以下假设:

假设4:限定其他条件不变的情况下,在"充分竞争类"国有企业中,混合股权制衡度对资本配置效率的影响显著,在"重要行业类"国有企业中,混合股权制衡度对资源配置效率的作用不明显。

7.2 研究设计

7.2.1 样本选择

本书选取了2003—2018年沪深两市A股上市公司的年度数据作为初始样本,混合所有制改革数据主要通过手工筛选上市公司年报、金融网站中前十大股东数据,并整理获得。其他财务数据主要来源于CSMAR数据库、WIND数据库。其他处理同本书5.2.3。在此基础上,剔除国有资本完全退出的样本和"公益类"国有企业的样本,最终保留2003—2018年的面板数据并获得9693个观测值。

7.2.2 变量定义

(1) 混合股权制衡度。本部分借鉴杨志强等(2016)、杨兴全和尹兴强(2018)等的研究使用上市公司前十大股东中,非国有股东持股数量与国有股东持股数的比值来度量混合股权制衡度(MIX)。

(2) 资本配置效率。本书研究混合所有制改革对企业微观层面资本配置效率的影响,因此使用投资效率来衡量资本配置效率。根据Richardson(2006)、辛清泉等(2007)的研究,使用预期投资模型3-1估计非效率投资,根据前文研究结论可知,混合股权多样性主要通过抑制企业过度投资行为来提高资本配置效率。因此,本部分仅使用过度投资($OINV$)以及过度投资的虚拟变量($OINV_1$)作为资本配置效率的替代度量,具体如上文所述。

(3) 国有企业分类。本部分借鉴杨红英和童露(2015)的研究成果,根据功能的不同将国有企业分为三类,即"充分竞争类""重要行业和关键领域类""公益类",具体划分标准见表 7-1,由于"公益类"国有企业的经营目标的局限性且样本量太少,因此剔除"公益类"国有企业,然后生成国有企业分类(SEC)作为替代变量,当企业属于"充分竞争类"时 SEC 取值为 1,当企业属于"重要行业和关键领域类"时取值为 0。

表 7-1　　　　　　　　　　　　国有企业分类

分类	功能与企业目标	混合股权结构	具体行业
充分竞争类	以市场为导向,以企业经济效益最大化为主要目标,没有强制性社会责任	以非国有资本为主导,允许国有资本部分退出甚至全部退出	农、林、牧、渔业;大部分制造业;建筑业;批发和零售业;住宿和餐饮业;互联网、软件和信息服务业;房地产业;租赁和商务服务业;文化、体育和娱乐业;综合
重要行业和关键领域类	以完成战略任务或政府重大专项任务为主要目标,兼顾经济效益	国有资本绝对控股或相对控股,多数非公有资本参与	电力、热力、燃气及水生产和供应业;石油加工业;采矿业、铁路、船舶、航空设备建造业;交通运输;仓储和邮政业;电信等信息传输服务业;科学研究和技术服务业
公益类	不以盈利为目的,其主要功能是确保社会正常运行和稳定,实现社会效益	国有资本占主导地位,鼓励非公有资本参与	水利、环境和公共设施管理业;教育;卫生和社会工作

7.2.3　模型构建

针对假设 4,检验不同国有企业分组中混合股权制衡度对资本配置效率的影响,本部分借鉴前人研究成果构建模型 7-1:

$$OINV_{it} = \alpha_0 + \alpha_1 MIXN_{it} + \sum \alpha_{i+1} X + \varepsilon \quad \text{模型 (7-1)}$$

其中,被解释变量 $OINV_{it}$ 表示过度投资,分别使用过度投资($OINV$)和过度投资的虚拟变量($OINV_1$)进行度量,主要解释变量 MIX_{it} 表示混合股权制衡度,X 表示控制变量组合,具体包括公司规模($SIZE_{it}$)、资产负债率(LEV_{it})、盈利能力(ROE)、公司成长性($Growth_{it}$)、最终控制人性质($Control_{it}$)、管理费用率(OER_{it})、会计师事务所规模($BIG4$)、董事会规模($Board_{it}$)、市场化程度(MKT)以及行业和年度虚拟变量。

7.3 实证分析

7.3.1 描述性统计

表7-2列示了"充分竞争类"国有企业中模型各变量的描述性统计结果：过度投资（OINV）的均值为0.0259，标准差为0.0578，最大值为0.3624，过度投资虚拟变量（$OINV_1$）的均值为0.4108，标准差为0.4920，说明"充分竞争类"国有企业中有41.08%存在过度投资的现象，且过度投资程度差异较大。混合股权制衡度（MIX）的均值为1.8361，标准差为6.8553，中值为0.0736，75%分位数为0.3741，说明在大多数"充分竞争类"国有企业经过混合所有制改革之后非国有资本的制衡度并不高，但也存在少数制衡度很高的样本。在控制变量方面，企业规模（SIZE）均值为22.0509，标准差为1.2582，说明"充分竞争类"国有企业规模分布较为平均。公司成长性（Growth）均值为0.1760，中值为0.1059，说明"充分竞争类"国有企业的经营状况大体是稳步上升的。最终控制人（Control）的均值为0.8527，说明在"充分竞争类"国有企业中有14.73%的控制权发生了转移。会计师事务所规模（BIG4）的均值为0.0674，说明"充分竞争类"国有企业中仅有6.74%的审计师来自"国际四大"会计师事务所。

表7-3列示了"重要行业类"国有企业中模型各变量的描述性统计结果：过度投资（OINV）的均值为0.0275，标准差为0.0634，最大值为0.3624，过度投资虚拟变量（$OINV_1$）的均值为0.3802，标准差为0.4855，说明"重要行业类"国有企业中有38.02%存在过度投资的现象，且过度投资程度差异较大。混合股权制衡度（MIX）的均值为1.4936，标准差为6.4145，中值为0.0467，75%分位数为0.1589，说明"重要行业类"国有企业的非国有资本的制衡程度较之"充分竞争类"国有企业要更低。在控制变量方面，企业规模（SIZE）均值为22.4238，标准差为1.3876，说明"重要行业类"国有企业规模分布较为平均。公司成长性（Growth）均值为0.2244，中值为0.6300，说明"重要行业类"国有企业的经营状况大体是稳步上升的。最终控制人（Control）的均值为0.9059，说明在"重要行业类"国有企业中有9.41%的控制权发生了转移，较之"充分竞争类"国有企业的转移比例要更低。会计师事务所规模（BIG4）的均值为0.06726，说明"充分竞争类"国有企业中仅有6.726%的审计师来自"国际四大"会计师事务所。

表 7-2　　　　　　　　　　描述性统计（1）

变量	样本量	均值	标准差	最小值	最大值	25%分位数	50%分位数	75%分位数
$OINV$	6893	0.0259	0.0578	0	0.3624	0	0	0.0253
$OINV_1$	6893	0.4108	0.4920	0	1	0	0	1
MIX	6893	1.8361	6.8553	0	50.5323	0.0256	0.0736	0.3741
$SIZE$	6893	22.0509	1.2582	19.0265	25.8203	21.1596	21.8955	22.7916
LEV	6893	0.5103	0.1875	0.0814	0.9958	0.3772	0.5167	0.6493
ROE	6893	0.0152	0.8044	-41.5023	3.7092	0.0199	0.0574	0.1076
$Growth$	6893	0.1760	0.4846	-0.6576	3.9244	-0.0235	0.1059	0.2616
$Control$	6893	0.8527	0.3545	0	1	1	1	1
OER	6893	0.0891	0.0796	0.0075	0.5263	0.0411	0.0720	0.1076
$BIG4$	6893	0.0674	0.2508	0	1	0	0	0
$Board$	6893	1.3574	0.2968	0.6931	2.1972	1.0986	1.0986	1.6094
MKT	6893	0.6458	0.4783	0	1	0	1	1

表 7-3　　　　　　　　　　描述性统计（2）

变量	样本量	均值	标准差	最小值	最大值	25%分位数	50%分位数	75%分位数
$OINV$	2800	0.0275	0.0634	0	0.3624	0	0	0.0220
$OINV_1$	2800	0.3802	0.4855	0	1	0	0	1
MIX	2800	1.4935	6.4145	0	50.5323	0.0153	0.0467	0.1589
$SIZE$	2800	22.4238	1.3876	19.0265	25.8203	21.4941	22.3348	23.2981
LEV	2800	0.5260	0.1914	0.0814	0.9986	0.4040	0.5456	0.6655
ROE	2800	0.0039	1.4299	-53.9594	0.8743	0.0260	0.0673	0.1124
$Growth$	2800	0.2244	0.63	-0.6576	3.9244	-0.0467	0.1010	0.3085
$Control$	2800	0.9059	0.2920	0	1	1	1	1
OER	2800	0.0867	0.0800	0.0075	0.5263	0.0378	0.0632	0.1073
$BIG4$	2800	0.1132	0.3169	0	1	0	0	0
$Board$	2800	1.4007	0.3209	0.6931	2.1972	1.0986	1.6094	1.6094
MKT	2800	0.6726	0.4694	0	1	0	1	1

7.3.2　相关性分析

表 7-4 列示了"充分竞争类"国有企业中模型主要变量之间的 Pearson 相关

系数。混合股权制衡度（MIX）与过度投资（$OINV$）和过度投资虚拟变量（$OINV1$）之间的相关系数均为负，这初步说明在"充分竞争类"国有企业中，混合股权制衡度的提高能够抑制企业的过度投资行为，降低过度投资发生的可能性，与本书的预期相符。在控制变量方面，公司规模（$SIZE$）、盈利能力（ROE）、公司成长性（$Growth$）与过度投资（$OINV$）之间的相关系数显著为正，说明在"充分竞争类"国有企业中，公司规模越大、盈利能力越强、公司成长性越好，过度投资越严重。公司规模（$SIZE$）、资产负债率（LEV）、公司成长性（$Growth$）、会计师事务所规模（$BIG4$）与过度投资虚拟变量（$OINV_1$）之间的相关系数显著为正，说明在"充分竞争类"国有企业中，公司规模越大、资产负债率越高、公司成长性越好、会计师事务所规模越大，越有可能发生过度投资。最终控制人性质（$Control$）与过度投资（$OINV$）之间的相关系数显著为负，说明在"充分竞争类"国有企业中，控制权未发生转移，企业过度投资越少。最终控制人性质（$Control$）、管理费用率（OER）与过度投资虚拟变量（$OINV_1$）之间的相关系数显著为负，说明在"充分竞争类"国有企业中，控制权未发生转移、管理费用率越高，越不会产生过度投资。通过方差膨胀因子 VIF 检测，平均 VIF 值为 2.80，表明各变量之间不存在严重的多重共线性问题。

表 7-5 列示了"重要行业类"国有企业中模型主要变量之间的 Pearson 相关系数。混合股权制衡度（MIX）与过度投资（$OINV$）和过度投资虚拟变量（$OINV_1$）之间的相关系数均为正，这初步说明在"重要行业类"国有企业中，混合股权制衡度对过度投资的抑制作用不显著。在控制变量方面，公司成长性（$Growth$）与过度投资（$OINV$）之间的相关系数显著为正，说明在"重要行业类"国有企业中，公司成长性越好，过度投资越严重。公司规模（$SIZE$）、资产负债率（LEV）、盈利能力（ROE）、公司成长性（$Growth$）、会计师事务所规模（$BIG4$）与过度投资虚拟变量（$OINV_1$）之间的相关系数显著为正，说明在"重要行业类"国有企业中，公司规模越大、资产负债率越高、盈利能力越强、公司成长性越好、会计师事务所规模越大，越有可能发生过度投资。最终控制人性质（$Control$）与过度投资（$OINV$）之间的相关系数显著为负，说明在"重要行业类"国有企业中，控制权未发生转移，企业过度投资越少。最终控制人性质（$Control$）与过度投资虚拟变量（$OINV_1$）之间的相关系数显著为负，说明在"重要行业类"国有企业中，控制权未发生转移，越不会产生过度投资。通过方差膨胀因子 VIF 检测，平均 VIF 值为 1.76，表明各变量之间不存在严重的多重共线性问题。

表 7-4　相关性分析（1）

变量	OINV	OINV$_1$	MIX	SIZE	LEV	ROE	Growth	Control	OER	BIG4	Board	MKT
OINV	1											
OINV$_1$	0.550***	1										
MIX	-0.011	-0.012	1									
SIZE	0.058***	0.112***	-0.053***	1								
LEV	0.018	0.080***	-0.015	0.331***	1							
ROE	0.023*	0.007	-0.009	0.043***	-0.135***	1						
Growth	0.238***	0.140***	0.027**	0.049***	0.063***	0.060***	1					
Control	-0.061***	-0.050***	-0.604***	0.104***	0.031***	0.006	-0.048***	1				
OER	-0.011	-0.073***	0.013	-0.314***	-0.163***	-0.135***	-0.148***	-0.049***	1			
BIG4	0.011	0.026**	0.002	0.289***	0.012	0.025**	0.013	0.037***	-0.064***	1		
Board	0.017	0.017	-0.090***	0.153***	0.053***	0.005	-0.008	0.186***	-0.042***	0.089***	1	
MKT	-0.011	0.002	0.021*	0.048***	0.042***	0.018	-0.018	-0.010	-0.085***	0.077***	-0.011	1

注：*、**和***分别表示在10%、5%和1%的水平上显著。

表 7-5 相关性分析（2）

变量	OINV	OINV₁	MIX	SIZE	LEV	ROE	Growth	Control	OER	BIG4	Board	MKT
OINV	1											
OINV₁	0.571***	1										
MIX	-0.001	-0.004	1									
SIZE	0.022	0.071***	-0.053***	1								
LEV	0.016	0.049***	0.044**	0.267***	1							
ROE	0.024	0.034*	0.010	0.072***	-0.100***	1						
Growth	0.235***	0.109***	0.093***	0.036*	0.049***	0.034*	1					
Control	-0.032*	-0.054***	-0.649***	0.090***	-0.038*	-0.013	-0.107***	1				
OER	-0.016	-0.014	0.026	-0.366***	-0.174***	-0.088***	-0.140***	-0.120***	1			
BIG4	-0.012	0.043**	-0.033*	0.313***	-0.019	0.021	-0.033*	-0.009	-0.110***	1		
Board	-0.001	0.009	-0.150***	0.140***	0.032*	0.009	-0.044**	0.190***	-0.105***	0.131***	1	
MKT	0.032*	0.019	0.016	0.009	-0.016	0.016	-0.015	-0.032*	-0.104***	0.025	0.040**	1

注：*、**和***分别表示在10%、5%和1%的水平上显著。

7.3.3 多元回归分析

表7-6列示了模型7-1的多元回归结果。从表7-6第一列的回归结果可以看出：混合股权制衡度（MIX）的系数在5%的水平上显著为负，这表明在"充分竞争类"国有企业中，混合股权制衡度的提高能够抑制企业过度投资，提高资本配置效率，这一结果支持了本书假设4；从表7-6第二列的回归结果可以看出：混合股权制衡度（MIX）的系数在1%的水平上显著为负，这表明在"充分竞争类"国有企业中，混合股权制衡度越高，国有企业越不会发生过度投资，资本配置效率越高，这一结果支持了本书假设4；从表7-6第三列和第四列的回归结果可以看出：混合股权制衡度（MIX）的系数均不显著，这表明在"重要行业类"国有企业中，混合股权制衡度对过度投资的抑制作用并不显著。限制非国有资本在"重要行业类"国有企业中制衡作用发挥的因素主要有两个：一是由于行业的特殊性，导致这类国有企业对非国有资本的开放程度并不高，使非国有资本缺乏充分发挥的空间和能力；二是这类行业普遍承担着较为重要的社会责任，也会受到更多的政府干预的影响，非国有股东行使权力时需要受到的限制也更多。

表7-6　　假设4的回归结果

变量	充分竞争类		重要行业和关键领域类	
	模型7-1 $OINV$	模型7-1 $OINV_1$	模型7-1 $OINV$	模型7-1 $OINV_1$
MIX	-0.0007** (-2.33)	-0.0141*** (-3.01)	-0.0002 (-0.32)	-0.0051 (-0.63)
SIZE	0.0118*** (7.11)	0.1436*** (5.22)	0.0063** (2.28)	0.0574 (1.46)
LEV	0.0178* (1.89)	0.6216*** (4.04)	0.0606*** (3.47)	0.7693*** (3.08)
ROE	0.0009 (0.49)	0.0046 (0.14)	0.0735*** (3.77)	0.7960*** (2.92)
Growth	0.0491*** (15.61)	0.5964*** (9.34)	0.0389*** (9.08)	0.3308*** (5.02)
Control	-0.0326*** (-5.81)	-0.5191*** (-5.56)	-0.0251* (-1.92)	-0.2554 (-1.34)
OER	-0.0011 (-0.05)	-0.9023** (-2.44)	0.0742* (1.74)	1.1308* (1.94)

续表

变量	充分竞争类		重要行业和关键领域类	
	模型 7-1 $OINV$	模型 7-1 $OINV_1$	模型 7-1 $OINV$	模型 7-1 $OINV_1$
$BIG4$	-0.0086 (-1.36)	-0.0458 (-0.44)	0.0094 (1.02)	0.2786** (2.08)
$Board$	0.0052 (0.99)	0.0807 (0.93)	-0.0041 (-0.45)	0.0339 (0.26)
MKT	-0.0011 (-0.35)	-0.0039 (-0.07)	0.0172*** (2.82)	0.1618* (1.85)
截距项	-0.2605*** (-7.24)	-3.1763*** (-5.35)	-0.2111*** (-3.48)	-2.4393*** (-2.81)
年份	控制	控制	控制	控制
行业	控制	控制	控制	控制
观测值	6893	6893	2800	2800
Adj_R^2	1.1362	0.0389	0.3846	0.0400
F	457.5309***	369.8280***	237.8474***	152.0971***

注：*、** 和 *** 分别表示在 10%、5% 和 1% 的水平上显著，括号内为 T 值，所有 T 值均经过公司层面的 cluster 调整。

7.3.4 进一步测试

（1）混合所有制分类改革、市场化程度与资本配置效率。前文研究表明，企业所处地区的外部环境会对当地企业的资本配置效率产生影响，那么市场化程度是否会对"充分竞争类"国有企业的混合所有制改革效果产生影响？因此，为了进一步研究在"充分竞争类"国有企业中，市场化程度对混合股权制衡度与过度投资之间关系的影响，本部分构建模型 7-2：

$$OINV_{it} = \alpha_0 + \alpha_1 MIX_{it} + \alpha_2 MI_{it} + \alpha_3 MIX_{it} \times MI_{it} + \sum \alpha_{i+3} X_{it} + \varepsilon$$

模型（7-2）

其中，被解释变量 $OINV_{it}$ 表示过度投资，分别使用过度投资（$OINV$）和过度投资的虚拟变量（$OINV_1$）进行度量，主要解释变量 MIX_{it} 表示混合股权制衡度，调节变量 MI_{it} 表示市场化程度，$MIX_{it} \times MI_{it}$ 表示混合股权制衡度与市场化程度的交乘项。X 表示控制变量组合，具体解释如前文所述。

表 7-7 列示了进一步测试（1）中对模型 7-2 的回归结果。从表 7-2 第一列的回归结果可以看出：混合股权制衡度（MIX）的系数在 10% 的水平上显著为

负，交乘项（$MIX \times MKT$）的系数在5%的水平上显著为负，这说明在"充分竞争类"国有企业中，混合股权制衡度越高，过度投资越少，资本配置效率越高，且市场化程度对两者之间的关系起正向调节作用。从表7-7第二列的回归结果可以看出：混合股权制衡度（MIX）的系数在1%的水平上显著为负，交乘项（$MIX \times MKT$）的系数在5%的水平上显著为负，这说明在"充分竞争类"国有企业中，混合股权制衡度越高，企业越不可能发生过度投资，资本配置效率越高，且市场化程度对两者之间的关系起正向调节作用。

表7-7　　　　　　　　进一步测试（1）

变量	模型7-2 $OINV$	模型7-2 $OINV_1$
MIX	-0.0005* (-1.85)	-0.0123*** (-2.58)
MKT	0.0018 (1.41)	0.0572*** (2.69)
$MIX \times MKT$	-0.0005** (-2.21)	-0.0090** (-2.40)
$SIZE$	0.0120*** (7.17)	0.1483*** (5.38)
LEV	0.0168* (1.78)	0.5927*** (3.84)
ROE	0.0008 (0.46)	0.0038 (0.12)
$Growth$	0.0493*** (15.68)	0.6016*** (9.40)
$Control$	-0.0320*** (-5.70)	-0.5140*** (-5.49)
OER	0.0002 (0.01)	-0.8700** (-2.35)
$BIG4$	-0.0092 (-1.46)	-0.0639 (-0.61)
$Board$	0.0053 (1.01)	0.0834 (0.96)
截距项	-0.2648*** (-7.34)	-3.2851*** (-5.51)
年份	控制	控制
行业	控制	控制

续表

变量	模型 7-2 OINV	模型 7-2 $OINV_1$
观测值	6893	6893
Adj_R^2	1.1502	0.0400
F	463.1671***	380.4792***

注：*、**和***分别表示在10%、5%和1%的水平上显著，括号内为T值，所有T值均经过公司层面的cluster调整。

（2）混合所有制分类改革、内部控制与资本配置效率。前文研究表明，企业内部控制水平能对混合股权制衡度与过度投资之间关系产生影响，那么内部控制水平在"充分竞争类"国有企业中是否依然能发挥其调节作用？为了进一步研究在"充分竞争类"国有企业中，内部控制质量对混合股权制衡度与过度投资之间关系的影响，本部分构建模型7-3：

$$OINV_{it} = \alpha_0 + \alpha_1 MIX_{it} + \alpha_2 IC_{it} + \alpha_3 MIX_{it} \times IC_{it} + \sum \alpha_{i+3} X_{it} + \varepsilon$$

模型（7-3）

其中，被解释变量$OINV_{it}$表示过度投资，分别使用过度投资（OINV）和过度投资的虚拟变量（$OINV_1$）进行度量，主要解释变量MIX_{it}表示混合股权制衡度，调节变量IC_{it}表示内部控制水平，$MIX_{it} \times IC_{it}$表示混合股权制衡度与内部控制水平的交乘项。X 表示控制变量组合，具体解释如前文所述。

表7-8列示了进一步测试（2）中对模型7-3的回归结果。从表7-8第一列的回归结果可以看出：混合股权制衡度（MIX）的系数在5%的水平上显著为负，交乘项（MIX×IC）的系数在5%的水平上显著为负，这说明在"充分竞争类"国有企业中，混合股权制衡度越高，过度投资越少，资本配置效率越高，且内部控制水平对两者之间的关系起正向调节作用。从表7-8第二列的回归结果可以看出：混合股权制衡度（MIX）的系数在1%的水平上显著为负，交乘项（MIX×IC）的系数在5%的水平上显著为负，这说明在"充分竞争类"国有企业中，混合股权制衡度越高，企业越不可能发生过度投资，资本配置效率越高，且内部控制水平对两者之间的关系起正向调节作用。

表7-8　　　　　　　　进一步测试（2）

变量	模型 7-3 OINV	模型 7-3 $OINV_1$
MIX	-0.0007** (-2.50)	-0.0152*** (-3.20)

续表

变量	模型 7-3 OINV	模型 7-3 $OINV_1$
IC	0.0078*** (5.52)	0.1084*** (4.67)
MIX×IC	-0.0004** (-2.33)	-0.0061** (-2.41)
SIZE	0.0086*** (4.88)	0.0998*** (3.42)
LEV	0.0281*** (2.93)	0.7619*** (4.83)
ROE	-0.0005 (-0.30)	-0.0175 (-0.54)
Growth	0.0480*** (15.26)	0.5738*** (9.07)
Control	-0.0327*** (-5.85)	-0.5232*** (-5.60)
OER	0.0167 (0.74)	-0.6612* (-1.76)
BIG4	-0.0096 (-1.53)	-0.0600 (-0.57)
Board	0.0050 (0.96)	0.0836 (0.96)
MKT	-0.0017 (-0.52)	-0.0091 (-0.17)
截距项	-0.2001*** (-5.34)	-2.3569*** (-3.79)
年份	控制	控制
行业	控制	控制
观测值	6893	6893
Adj_R^2	1.2151	0.0414
F	489.2956***	393.5642***

注：*、** 和 *** 分别表示在10%、5%和1%的水平上显著，括号内为T值，所有T值均经过公司层面的 cluster 调整。

（3）混合所有制分类改革、经济政策不确定性与资本配置效率。前文研究表明，国家经济政策若发生频繁的变更，会对国有企业的投资决策产生影响，且经济政策不确定性的增加会抑制混合股权制衡度对过度投资的影响，那么经济政策不确定性在"充分竞争类"国有企业中是否依然能发挥其调节作用？为了进

一步研究在"充分竞争类"国有企业中,经济政策不确定性对混合股权制衡度与过度投资之间关系的影响,本部分构建模型7-4:

$$OINV_{it} = \alpha_0 + \alpha_1 MIX_{it} + \alpha_2 EPU_{it} + \alpha_3 MIX_{it} \times EPU_{it} + \sum \alpha_{i+3} X_{it} + \varepsilon$$

模型(7-4)

其中,被解释变量 $OINV_{it}$ 表示过度投资,分别使用过度投资($OINV$)和过度投资的虚拟变量($OINV_1$)进行度量,主要解释变量 MIX_{it} 表示混合股权制衡度,调节变量 EPU_{it} 表示经济政策不确定性,$MIX_{it} \times EPU_{it}$ 表示混合股权制衡度与经济政策不确定性的交乘项。X 表示控制变量组合,具体解释如前文所述。

表7-9列示了进一步测试(3)中对模型7-4的回归结果。从表7-9第一列的回归结果可以看出:混合股权制衡度(MIX)的系数在1%的水平上显著为负,交乘项($MIX \times EPU$)的系数在10%的水平上显著为正,这说明在"充分竞争类"国有企业中,混合股权制衡度越高,过度投资越少,资本配置效率越高,且经济政策不确定性对两者之间的关系起负向调节作用。从表7-9第二列的回归结果可以看出:混合股权制衡度(MIX)的系数在1%的水平上显著为负,交乘项($MIX \times EPU$)的系数在5%的水平上显著为正,这说明在"充分竞争类"国有企业中,混合股权制衡度越高,企业越不可能发生过度投资,资本配置效率越高,且经济政策不确定性对两者之间的关系起负向调节作用。

表7-9　　　　　　　　　　进一步测试(3)

变量	模型7-4 $OINV$	模型7-4 $OINV_1$
MIX	-0.0015 *** (-2.65)	-0.0281 *** (-2.89)
EPU	0.0000 (0.81)	0.0001 (0.25)
$MIX \times EPU$	0.0000 * (1.68)	0.0002 ** (2.46)
$SIZE$	0.0087 *** (5.59)	0.1729 *** (6.66)
LEV	0.0225 ** (2.42)	0.7088 *** (4.57)
ROE	0.0010 (0.55)	-0.0072 (-0.23)
$Growth$	0.0503 *** (16.20)	0.5778 *** (9.52)

续表

变量	模型 7-4 OINV	模型 7-4 $OINV_1$
Control	-0.0281*** (-5.05)	-0.1472 (-1.55)
OER	-0.0070 (-0.31)	-0.7148* (-1.90)
BIG4	-0.0052 (-0.84)	-0.2158** (-2.02)
Board	0.0086* (1.65)	0.1876** (2.15)
MKT	-0.0008 (-0.24)	-0.0692 (-1.28)
截距项	-0.2244*** (-6.60)	-4.4286*** (-7.83)
行业	控制	控制
观测值	6893	6893
Adj_R^2	1.0283	0.0310
F	414.0777***	286.9264***

注：*、**和***分别表示在10%、5%和1%的水平上显著，括号内为T值，所有T值均经过公司层面的cluster调整。因为控制年度变量会抵消经济政策不确定性对模型的影响，本部分不对年度变量进行控制。

（4）混合所有制分类改革、非国有股东类型与资本配置效率。前文研究表明，在"充分竞争类"国有企业中，混合股权制衡度能够显著抑制企业的过度投资行为，而非国有股东由于性质的不同，在经营目标、投资倾向等方面是存在差异的，这也使他们对过度投资的抑制作用也不相同。基于此，本部分将混合股权制衡度划分为民营股权制衡度（MIX_1）、外资股权制衡度（MIX_2）、机构投资者股权制衡度（MIX_3）以及自然人股权制衡度（MIX_4）四个部分，进一步分析在"充分竞争类"国有企业中，非国有股东差异性对混合股权制衡度与过度投资之间关系的影响。

表7-10列示了进一步测试（4）中对模型7-1的多元回归结果。从表7-10第一列和第五列的回归结果可以看出：民营股权制衡度（MIX_1）的系数均在1%的水平上显著为负，这表明在"充分竞争类"国有企业中，民营股东制衡能力的提高能够抑制企业过度投资，降低过度投资发生的可能性，提高资本配置效率；从表7-10第二列到第四列以及第六列到第八列的回归结果可以看出：外资股权制衡度（MIX_2）、机构投资者股权制衡度（MIX_3）和自然人股权制衡度

(MIX_4) 的系数均不显著,这表明在"充分竞争类"国有企业中,外资、机构投资者和自然人股东制衡能力的提升并不能对企业过度投资产生显著的抑制作用。

表 7-10 进一步测试 (4)

变量	模型 7-1 OINV	模型 7-1 OINV	模型 7-1 OINV	模型 7-1 OINV	模型 7-1 $OINV_1$	模型 7-1 $OINV_1$	模型 7-1 $OINV_1$	模型 7-1 $OINV_1$
MIX_1	-0.0012*** (-2.74)				-0.0192*** (-2.62)			
MIX_2		-0.0014 (-0.42)				-0.0173 (-0.31)		
MIX_3			0.0024 (1.64)				-0.0046 (-0.19)	
MIX_4				0.0003 (0.11)				-0.0684 (-1.50)
SIZE	0.0118*** (7.12)	0.0120*** (7.19)	0.0121*** (7.25)	0.0120*** (7.18)	0.1443*** (5.25)	0.1461*** (5.32)	0.1459*** (5.31)	0.1433*** (5.20)
LEV	0.0181* (1.92)	0.0175* (1.86)	0.0175* (1.86)	0.0176* (1.87)	0.6266*** (4.07)	0.6171*** (4.01)	0.6188*** (4.02)	0.6214*** (4.04)
ROE	0.0009 (0.50)	0.0009 (0.52)	0.0009 (0.52)	0.0009 (0.52)	0.0052 (0.16)	0.0054 (0.17)	0.0053 (0.17)	0.0050 (0.16)
Growth	0.0492*** (15.63)	0.0490*** (15.58)	0.0489*** (15.55)	0.0490*** (15.58)	0.5955*** (9.33)	0.5942*** (9.30)	0.5948*** (9.30)	0.5961*** (9.32)
Control	-0.0325*** (-6.11)	-0.0256*** (-5.27)	-0.0214*** (-4.23)	-0.0247*** (-4.74)	-0.4747*** (-5.36)	-0.3611*** (-4.48)	-0.3594*** (-4.27)	-0.4153*** (-4.81)
OER	-0.0002 (-0.01)	-0.0001 (-0.00)	0.0007 (0.03)	0.0003 (0.01)	-0.8832** (-2.39)	-0.8705** (-2.36)	-0.8679** (-2.35)	-0.8696** (-2.36)
BIG4	-0.0095 (-1.51)	-0.0086 (-1.36)	-0.0097 (-1.54)	-0.0090 (-1.44)	-0.0621 (-0.59)	-0.0514 (-0.49)	-0.0548 (-0.52)	-0.0577 (-0.55)
Board	0.0050 (0.95)	0.0050 (0.96)	0.0049 (0.93)	0.0049 (0.94)	0.0743 (0.85)	0.0756 (0.87)	0.0743 (0.86)	0.0747 (0.86)
MKT	-0.0009 (-0.29)	-0.0013 (-0.39)	-0.0011 (-0.34)	-0.0013 (-0.40)	-0.0006 (-0.01)	-0.0054 (-0.10)	-0.0058 (-0.11)	-0.0050 (-0.09)
截距项	-0.2602*** (-7.25)	-0.2694*** (-7.53)	-0.2751*** (-7.66)	-0.2704*** (-7.50)	-3.2184*** (-5.42)	-3.3697*** (-5.71)	-3.3647*** (-5.67)	-3.2630*** (-5.48)
年份	控制	控制	控制	控制	控制	控制	控制	控制
行业	控制	控制	控制	控制	控制	控制	控制	控制
观测值	6893	6893	6893	6893	6893	6893	6893	6893
Adj_R^2	1.1414	1.1229	1.1291	1.1225	0.0386	0.0379	0.0379	0.0381
F	459.6335***	452.1848***	454.6618***	452.0180***	367.5751***	360.6121***	360.5520***	362.7898***

注:*、**和***分别表示在10%、5%和1%的水平上显著,括号内为T值,所有T值均经过公司层面的cluster调整。

(5) 混合所有制分类改革、政策变更与资本配置效率。2015 年国务院接连发布了《指导意见》与《意见》，其中强调国有企业应该分类推行混合所有制改革。随着政策的变更，我国国有企业混合所有制分类改革的推行力度也得到了相应的增强，这也会对国有企业的改革效果带来影响。因此，为了进一步研究在"充分竞争类"国有企业中，政策变更对混合股权制衡度与过度投资之间关系的影响，本部分构建模型 7-5：

$$OINV_{it} = \alpha_0 + \alpha_1 MIX_{it} + \alpha_2 PC1_{it} + \alpha_3 MIX_{it} \times PC1_{it} + \sum \alpha_{i+3} X_{it} + \varepsilon$$

模型（7-5）

其中，被解释变量 $OINV_{it}$ 表示过度投资，主要解释变量 MIX_{it} 表示混合股权制衡度，调节变量 $PC1$ 表示政策变更，当年度大于 2015 年时 $PC1$ 取值为 1，否则为 0，$MIX_{it} \times PC_{it}$ 表示混合股权制衡度与政策变更的交乘项。X 表示控制变量组合，具体解释如前文所述。

表 7-11 列示了进一步测试（5）中模型 7-5 的回归结果。从表 7-11 第一列的回归结果可以看出：混合股权制衡度（MIX）的系数在 1% 的水平上显著为负，交乘项（$MIX \times PC1$）的系数在 10% 的水平上显著为负，这表明在"充分竞争类"国有企业中，政策变更之后，国有企业混合股权制衡度的增加对过度投资的抑制作用更强，能更好地提高资本配置效率。从表 7-11 第二列的回归结果可以看出：混合股权制衡度（MIX）的系数在 5% 的水平上显著为负，交乘项（$MIX \times PC1$）的系数在 10% 的水平上显著为负，这表明在"充分竞争类"国有企业中，政策变更之后，国有企业混合股权制衡度的增加对过度投资的抑制作用更强，企业更不容易发生过度投资行为。

表 7-11　　　　　　　　进一步测试（5）

变量	模型 7-5 OINV	模型 7-5 $OINV_1$
MIX	-0.0008 *** (-2.62)	-0.0118 ** (-2.19)
PC1	0.0014 (0.32)	0.0334 (0.46)
$MIX \times PC1$	-0.0006 * (-1.87)	-0.0168 * (-1.89)
SIZE	0.0091 *** (5.95)	0.1809 *** (7.09)

续表

变量	模型 7-5 OINV	模型 7-5 $OINV_1$
LEV	0.0218** (2.33)	0.6878*** (4.42)
ROE	0.0009 (0.50)	-0.0091 (-0.29)
Growth	0.0500*** (16.12)	0.5721*** (9.45)
Control	-0.0282*** (-5.08)	-0.1500 (-1.59)
OER	-0.0066 (-0.30)	-0.6961* (-1.85)
BIG4	-0.0056 (-0.90)	-0.2223** (-2.09)
Board	0.0082 (1.58)	0.1796** (2.06)
MKT	-0.0008 (-0.24)	-0.0692 (-1.28)
截距项	-0.2296*** (-6.70)	-4.5571*** (-7.99)
行业	控制	控制
观测值	6893	6893
Adj_R^2	1.0217	0.0306
F	411.4189***	283.4945***

注：*、**和***分别表示在10%、5%和1%的水平上显著，括号内为T值，所有T值均经过公司层面的cluster调整。因为控制年度变量会抵消政策变更对模型的影响，本部分不对年度变量进行控制。

（6）混合所有制分类改革与投资不足。前文的研究表明，混合股权制衡主要通过抑制国有企业的过度投资行为来提高资本配置效率，而对投资不足的影响并不显著，那么，在"充分竞争类"和"重要行业类"国有企业中混合股权制衡度提高是否能对投资不足产生影响呢？为了进一步研究混合所有制改革分类改革与投资不足之间关系的影响，本部分构建模型 7-6：

$$UINV_{it} = \alpha_0 + \alpha_1 MIX_{it} + \sum \alpha_{i+1} X_{it} + \varepsilon \quad 模型（7-6）$$

其中，被解释变量 $UINV_{it}$ 表示投资不足，主要解释变量 MIX_{it} 表示混合股权制衡度。X 表示控制变量组合，具体解释如前文所述。

表 7-12 列示了进一步测试（6）中对模型 7-6 的回归结果。从表 7-12 第一列和第二列的回归结果可以看出：混合股权制衡度（MIX）的系数均不显著，

这说明无论是在"充分竞争类"国有企业还是在"重要行业类"国有企业中，混合股权制衡度对投资不足的影响均并不显著，这与前文研究结论基本一致，即混合股权制衡主要通过抑制国有企业的过度投资行为来提高资本配置效率而不是投资不足。

表 7–12　　　　　　　　　　　进一步测试（6）

变量	充分竞争类 模型 7–6 UINV	重要行业和关键领域类 模型 7–6 UINV
MIX	0.0001 (1.69)	-0.0001 (-0.54)
SIZE	-0.0028*** (-7.26)	-0.0029*** (-4.79)
LEV	-0.0108*** (-5.14)	-0.0081** (-2.21)
ROE	0.0006 (1.13)	-0.0006 (-1.37)
Growth	-0.0071*** (-8.46)	-0.0059*** (-5.44)
Control	0.0007 (0.50)	-0.0047 (-1.56)
OER	0.0099** (2.06)	-0.0167* (-1.93)
BIG4	0.0030** (2.01)	-0.0046** (-2.15)
Board	-0.0025** (-2.04)	-0.0025 (-1.19)
MKT	0.0002 (0.26)	-0.0002 (-0.15)
截距项	0.0753*** (9.16)	0.1020*** (7.57)
年份	控制	控制
行业	控制	控制
观测值	6893	2800
Adj_R^2	0.0238	0.0529
F	376.5468***	313.6728***

注：*、**和***分别表示在10%、5%和1%的水平上显著，括号内为T值，所有T值均经过公司层面的cluster调整。

7.3.5 稳健性检验

为了增强本书结论的稳健性，本部分从以下两个方面进行稳健性测试：

（1）主要变量的替代度量。

①混合股权制衡度的替代度量。本部分借鉴马连福等（2015）的研究，仅使用民营资本和外资资本之和与国有资本的比值作为混合股权制衡度的替代度量（MIX），并代入模型7-1进行稳健性检验。

表7-13列示了模型7-1的回归结果。从表7-13第一列的回归结果可以看出：混合股权制衡度（MIX）的系数在1%的水平上显著为负，这说明在"充分竞争类"国有企业中，混合股权制衡度越高，过度投资越少，资本配置效率越高，这与前文结论基本一致，证明假设4的回归结果是稳健的；从表7-13第二列的回归结果可以看出：混合所有制改革程度（MIX）的系数在1%的水平上显著为负，这说明在"充分竞争类"国有企业中，混合股权制衡度越高，企业越不可能发生过度投资，资本配置效率越高，这与前文结论基本一致，证明假设4的回归结果是稳健的。从表7-13第三列和第四列的回归结果可以看出：混合所有制改革程度（MIX）的系数均不显著，这说明在"重要行业类"国有企业中，混合股权制衡度对过度投资的影响不显著，这与前文结论基本一致。

表7-13　　　　　　　　　　稳健性测试（1）

变量	充分竞争类		重要行业和关键领域类	
	模型7-1 $OINV$	模型7-1 $OINV_1$	模型7-1 $OINV$	模型7-1 $OINV_1$
MIX_5	-0.0013*** (-2.79)	-0.0196*** (-2.66)	0.0001 (0.08)	0.0195 (1.58)
$SIZE$	0.0118*** (7.12)	0.1443*** (5.25)	0.0063** (2.28)	0.0585 (1.49)
LEV	0.0180* (1.91)	0.6248*** (4.06)	0.0605*** (3.47)	0.7596*** (3.04)
ROE	0.0009 (0.50)	0.0051 (0.16)	0.0734*** (3.77)	0.7954*** (2.92)
$Growth$	0.0491*** (15.62)	0.5952*** (9.32)	0.0389*** (9.08)	0.3298*** (5.00)
$Control$	-0.0333*** (-6.12)	-0.4865*** (-5.38)	-0.0219* (-1.76)	-0.1689 (-0.94)

续表

变量	充分竞争类		重要行业和关键领域类	
	模型 7-1 OINV	模型 7-1 $OINV_1$	模型 7-1 OINV	模型 7-1 $OINV_1$
OER	-0.0004 (-0.02)	-0.8876** (-2.40)	0.0753* (1.76)	1.1833** (2.03)
BIG4	-0.0091 (-1.45)	-0.0568 (-0.54)	0.0096 (1.05)	0.2877** (2.15)
Board	0.0051 (0.97)	0.0759 (0.87)	-0.0040 (-0.44)	0.0388 (0.29)
MKT	-0.0009 (-0.28)	-0.0005 (-0.01)	0.0172*** (2.82)	0.1584* (1.81)
截距项	-0.2596*** (-7.23)	-3.2102*** (-5.41)	-0.2145*** (-3.54)	-2.5513*** (-2.94)
年份	控制	控制	控制	控制
行业	控制	控制	控制	控制
观测值	6893	6893	2800	2800
Adj_R^2	1.1422	0.0386	0.3845	0.0406
F	459.9421***	367.8038***	237.7477***	154.2240***

注：*、**和***分别表示在10%、5%和1%的水平上显著，括号内为T值，所有T值均经过公司层面的cluster调整。

②过度投资的替代度量。本部分使用托宾Q作为公司成长性的替代变量代入模型7-1，并以估计模型的残差为基础计算并生成过度投资（OINV）和过度投资的虚拟变量（$OINV_1$）作为过度投资的替代度量，然后再检验模型7-1。

表7-14列示了模型7-1的回归结果。从表7-14第一列的回归结果可以看出：混合股权制衡度（MIX）的系数在5%的水平上显著为负，这说明在"充分竞争类"国有企业中，混合股权制衡度越高，过度投资越少，资本配置效率越高，这与前文结论基本一致，证明假设4的回归结果是稳健的；从表7-14第二列的回归结果可以看出：混合所有制改革程度（MIX）的系数在5%的水平上显著为负，这说明在"充分竞争类"国有企业中，混合股权制衡度越高，企业越不可能发生过度投资，资本配置效率越高，这与前文结论基本一致，证明假设4的回归结果是稳健的。从表7-14第三列和第四列的回归结果可以看出：混合所有制改革程度（MIX）的系数均不显著，这说明在"重要行业类"国有企业中，混合股权制衡度对过度投资的影响不显著，这与前文结论基本一致。

表7-14 稳健性测试（2）

变量	充分竞争类		重要行业和关键领域类	
	模型7-1 $OINV$	模型7-1 $OINV_1$	模型7-1 $OINV$	模型7-1 $OINV_1$
MIX	-0.0004** (-2.11)	-0.0118** (-2.44)	0.0000 (0.01)	0.0024 (0.28)
$SIZE$	0.0085*** (7.21)	0.1643*** (5.93)	0.0059*** (3.17)	0.1282*** (3.23)
LEV	0.0224*** (3.38)	0.6448*** (4.13)	0.0315*** (2.61)	0.6275** (2.47)
ROE	-0.0000 (-0.03)	-0.0206 (-0.63)	0.0288*** (2.59)	0.3559* (1.69)
$Growth$	0.0299*** (13.57)	0.6049*** (9.62)	0.0319*** (10.94)	0.5569*** (7.68)
$Control$	-0.0149*** (-3.72)	-0.3188*** (-3.38)	0.0159* (1.66)	0.3138 (1.57)
OER	-0.0018 (-0.11)	-0.5078 (-1.36)	0.0827*** (2.88)	2.1361*** (3.66)
$BIG4$	-0.0061 (-1.36)	-0.2108** (-1.97)	0.0091 (1.44)	0.2286* (1.69)
$Board$	0.0069* (1.86)	0.1994** (2.27)	-0.0009 (-0.14)	0.0336 (0.25)
MKT	-0.0039* (-1.73)	-0.0966* (-1.79)	0.0070* (1.68)	0.0435 (0.50)
截距项	-0.2074*** (-8.13)	-4.1667*** (-6.95)	-0.2154*** (-5.14)	-4.6487*** (-5.25)
年份	控制	控制	控制	控制
行业	控制	控制	控制	控制
观测值	6909	6909	2801	2801
Adj_R^2	0.3346	0.0327	1.3663	0.0576
F	372.3734***	304.4225***	242.1518***	218.3982***

注：*、**和***分别表示在10%、5%和1%的水平上显著，括号内为T值，所有T值均经过公司层面的cluster调整。

（2）内生性问题控制。

①控制个体效应。为了控制遗漏变量产生的内生性问题对研究结论的影响，本部分使用固定效应模型控制了企业的个体效应，并对假设4进行检验，表7-15列示了模型7-1的回归结果。从表7-15第一列的回归结果可以看出：混合股

权制衡度（MIX）的系数在5%的水平上显著为负，这说明在"充分竞争类"国有企业中，混合股权制衡度越高，过度投资越少，资本配置效率越高，这与前文结论基本一致，证明假设4的回归结果是稳健的。从表7-15第二列的回归结果可以看出：混合所有制改革程度（MIX）的系数在5%的水平上显著为负，这说明在"充分竞争类"国有企业中，混合股权制衡度越高，企业越不可能发生过度投资，资本配置效率越高，这与前文结论基本一致，证明假设4的回归结果是稳健的。从表7-15第三列和第四列的回归结果可以看出：混合所有制改革程度（MIX）的系数均不显著，这说明在"重要行业类"国有企业中，混合股权制衡度对过度投资的影响不显著，这与前文结论基本一致。

表 7-15　　　　　　　　稳健性测试（3）

变量	充分竞争类		重要行业和关键领域类	
	模型 7-1 $OINV$	模型 7-1 $OINV_1$	模型 7-1 $OINV$	模型 7-1 $OINV_1$
MIX	-0.0007** (-2.13)	-0.0151** (-2.53)	-0.0002 (-0.35)	0.0047 (0.49)
$SIZE$	0.0150*** (6.86)	0.2184*** (3.51)	0.0080*** (2.58)	0.2629*** (3.08)
LEV	-0.0041 (-0.36)	-0.1820 (-0.72)	0.0557*** (2.98)	0.2738 (0.73)
ROE	0.0004 (0.26)	-0.0253 (-0.64)	0.0712*** (3.67)	0.6617** (2.36)
$Growth$	0.0479*** (15.50)	0.6198*** (9.30)	0.0388*** (9.11)	0.3288*** (4.71)
$Control$	-0.0396*** (-5.92)	-0.8315*** (-5.30)	-0.0297** (-2.11)	-0.6074** (-2.10)
OER	-0.0182 (-0.70)	-1.2393** (-2.16)	0.0805* (1.80)	1.7764** (2.30)
$BIG4$	-0.0186** (-2.34)	-0.5214*** (-2.60)	0.0098 (0.97)	0.6039** (2.42)
$Board$	0.0005 (0.07)	-0.3590* (-1.89)	-0.0025 (-0.25)	0.3188 (1.17)
MKT	0.0005 (0.14)	-0.0031 (-0.03)	0.0151** (2.24)	-0.3035* (-1.87)
截距项	-0.2996*** (-6.28)	—	0.2435*** (-3.60)	—
年份	控制	控制	控制	控制

续表

变量	充分竞争类		重要行业和关键领域类	
	模型 7-1 $OINV$	模型 7-1 $OINV_1$	模型 7-1 $OINV$	模型 7-1 $OINV_1$
行业	控制	控制	控制	控制
观测值	6893	6893	2800	2800
Adj_R^2	—	0.0418	—	0.0390
F	415.7769***	287.5451***	212.7208***	114.3618***

注：*、**和***分别表示在10%、5%和1%的水平上显著，括号内为T值，所有T值均经过公司层面的cluster调整。

②安慰剂检验。将混合股权制衡度置前三期作为其安慰剂，并将其代入模型7-1进行检验，表7-16列示了模型7-1的回归结果。从表7-16第一列和第二列的回归结果可以看出：在"充分竞争类"国有企业中，混合股权制衡度（MIX）的系数均不显著，这一结果证明假设4的回归结果是稳健的。

表 7-16　　　　　　　　稳健性测试（4）

变量	充分竞争类	
	模型 7-1 $OINV$	模型 7-1 $OINV_1$
MIX	-0.0003 (-1.23)	-0.0047 (-1.02)
SIZE	0.0128*** (6.61)	0.1625*** (5.15)
LEV	0.0284*** (2.63)	0.7280*** (4.16)
ROE	0.0071** (2.28)	0.1020 (1.55)
Growth	0.0442*** (12.64)	0.6036*** (8.59)
Control	-0.0269*** (-4.19)	-0.3543*** (-3.40)
OER	0.0143 (0.55)	-0.4349 (-1.03)
BIG4	-0.0053 (-0.74)	-0.0381 (-0.32)
Board	0.0071 (1.21)	0.1088 (1.13)
MKT	0.0010 (0.26)	0.0315 (0.53)

续表

变量	充分竞争类	
	模型 7-1 $OINV$	模型 7-1 $OINV_1$
截距项	-0.3040***	-3.8723***
	(-7.27)	(-5.69)
年份	控制	控制
行业	控制	控制
观测值	5612	5612
Adj_R^2	0.6900	0.0344
F	343.3495***	262.9811***

注：*、**和***分别表示在10%、5%和1%的水平上显著，括号内为T值，所有T值均经过公司层面的cluster调整。

③双聚类调整。本书的样本数据是一个典型的面板数据结构，为了进一步控制面板数据可能发生的公司间截面相关和时间序列上的自相关等问题，本部分借鉴Petersen（2009）的稳健估计模型方法，在公司层面和年度层面对回归分析结果进行了cluster调整，对模型7-1进行检验，同时在公司层面和时间层面对标准误进行聚类，从而解决组内相关性问题所导致的标准误偏差。

表7-17列示了模型7-1的回归结果。从表7-17第一列的回归结果可以看出：混合股权制衡度（MIX）的系数在10%的水平上显著为负，这说明在"充分竞争类"国有企业中，混合股权制衡度越高，过度投资越少，资本配置效率越高，这与前文结论基本一致，证明假设4的回归结果是稳健的。从表7-17第二列的回归结果可以看出：混合所有制改革程度（MIX）的系数在5%的水平上显著为负，这说明在"充分竞争类"国有企业中，混合股权制衡度越高，企业越不可能发生过度投资，资本配置效率越高，这与前文结论基本一致，证明假设4的回归结果是稳健的。从表7-17第三列和第四列的回归结果可以看出：混合所有制改革程度（MIX）的系数均不显著，这说明在"重要行业类"国有企业中，混合股权制衡度对过度投资的影响不显著，这与前文结论基本一致。

表 7-17　　　　　　　稳健性测试（5）

变量	充分竞争类		重要行业和关键领域类	
	模型 7-1 $OINV$	模型 7-1 $OINV_1$	模型 7-1 $OINV$	模型 7-1 $OINV_1$
MIX	-0.0008*	-0.0137**	-0.0004	0.0022
	(-1.68)	(-2.21)	(-0.74)	(0.23)

续表

变量	充分竞争类		重要行业和关键领域类	
	模型 7-1 OINV	模型 7-1 $OINV_1$	模型 7-1 OINV	模型 7-1 $OINV_1$
SIZE	0.0106 *** (3.83)	0.1530 *** (2.87)	0.0039 (1.39)	0.0799 * (1.70)
LEV	0.0111 (0.69)	0.4510 ** (2.00)	0.0324 * (1.70)	0.5612 * (1.88)
ROE	0.0007 (0.36)	-0.0062 (-0.17)	0.0713 *** (2.69)	0.7648 ** (2.52)
Growth	0.0573 *** (8.00)	0.5904 *** (8.52)	0.0394 *** (6.30)	0.3158 *** (5.06)
Control	-0.0331 *** (-4.46)	-0.4930 *** (-4.27)	-0.0162 (-1.01)	-0.2722 (-1.21)
OER	0.0196 (0.54)	-0.6445 (-1.24)	0.0716 (1.15)	1.2537 (1.41)
BIG4	-0.0067 (-0.63)	-0.0286 (-0.15)	0.0049 (0.50)	0.1863 (1.08)
Board	0.0101 (1.27)	0.0948 (0.68)	0.0077 (0.70)	0.0829 (0.49)
MKT	-0.0025 (-0.62)	-0.0295 (-0.45)	0.0111 (1.63)	0.0991 (1.00)
截距项	-0.2723 *** (-4.40)	-3.6799 *** (-3.29)	-0.1766 ** (-2.47)	-2.7586 *** (-2.76)
年份	控制	控制	控制	控制
行业	控制	控制	控制	控制
观测值	6893	6893	2800	2800

注：*、** 和 *** 分别表示在 10%、5% 和 1% 的水平上显著，括号内为 T 值，所有 T 值均经过公司层面和时间层面的 cluster 调整。

④PSM 配对。为了控制样本非随机性选择偏差的影响，本部分借鉴 Chakravarty 和 Rutherford（2017）的做法，采用 PSM 配对检验假设 4。以混合股权多样性 75% 分位数及以上部分作为处理组，根据资产规模、资产负债率、混合股权制衡度的行业中值等相近的同行业、同年度的公司进行 1∶1 配对，最终得到 4586 个观测值，并对假设 4 进行检验。

表 7-18 列示了模型 7-1 的回归结果。从表 7-18 第一列的回归结果可以看出：混合股权制衡度（MIX）的系数在 5% 的水平上显著为负，这说明在"充

分竞争类"国有企业中,混合股权制衡度越高,过度投资越少,资本配置效率越高,这与前文结论基本一致,证明假设4的回归结果是稳健的。从表7-18第二列的回归结果可以看出:混合股权制衡度(MIX)的系数在1%的水平上显著为负,这说明在"充分竞争类"国有企业中,混合股权制衡度越高,企业越不可能发生过度投资,资本配置效率越高,这与前文结论基本一致,证明假设4的回归结果是稳健的。从表7-18第三列和第四列的回归结果可以看出:混合股权制衡度(MIX)的系数均不显著,这说明在"重要行业类"国有企业中,混合股权制衡度对过度投资的影响不显著,这与前文结论基本一致。

表7-18 稳健性测试(6)

变量	充分竞争类		重要行业和关键领域类	
	模型7-1 $OINV$	模型7-1 $OINV_1$	模型7-1 $OINV$	模型7-1 $OINV_1$
MIX	-0.0006** (-2.14)	-0.0153*** (-3.11)	-0.0003 (-0.56)	0.0007 (0.08)
$SIZE$	0.0107*** (4.33)	0.1350*** (3.37)	0.0029 (0.65)	0.0067 (0.10)
LEV	0.0033 (0.25)	0.2828 (1.34)	0.0674** (2.42)	1.3432*** (3.06)
ROE	-0.0004 (-0.19)	-0.0286 (-0.68)	0.0635** (2.32)	0.5880 (1.60)
$Growth$	0.0531*** (10.79)	0.6449*** (6.70)	0.0431*** (7.24)	0.3944*** (3.88)
$Control$	-0.0313*** (-5.09)	-0.5047*** (-5.03)	-0.0263* (-1.92)	-0.1936 (-0.89)
OER	0.0112 (0.36)	-0.5389 (-1.08)	0.0695 (1.08)	1.9034** (2.04)
$BIG4$	0.0060 (0.67)	0.1948 (1.30)	-0.0037 (-0.27)	0.0000 (0.00)
$Board$	0.0002 (0.03)	-0.0370 (-0.30)	-0.0283* (-1.84)	-0.3961* (-1.67)
MKT	-0.0010 (-0.22)	-0.0113 (-0.15)	0.0199* (1.95)	0.2191 (1.38)
截距项	-0.2290*** (-4.33)	-2.6843*** (-3.12)	-0.1391 (-1.43)	-1.9107 (-1.27)

续表

变量	充分竞争类		重要行业和关键领域类	
	模型 7-1 $OINV$	模型 7-1 $OINV_1$	模型 7-1 $OINV$	模型 7-1 $OINV_1$
年份	控制	控制	控制	控制
行业	控制	控制	控制	控制
观测值	3596	3596	990	990
Adj_R^2	0.8550	0.0411	0.6774	0.0725
F	227.9080***	205.0413***	140.4362***	97.9726***

注：*、** 和 *** 分别表示在 10%、5% 和 1% 的水平上显著，括号内为 T 值，所有 T 值均经过公司层面的 cluster 调整。

⑤Heckman 二阶段。为了缓解对混合所有制企业样本选择带来的偏差，本书使用 Heckman 两阶段回归来确保研究结果的稳健性。第一阶段以混合股权制衡度的 75% 分位数作为节点将样本分为两组，并以此生成分组变量回归得出逆米尔斯比率（IMR）。第二阶段把逆米尔斯比率（IMR）作为控制变量加入模型 7-1 进行回归分析，重新对假设 4 进行检验。

表 7-19 列示了模型 7-1 的回归结果。从表 7-19 第一列和第二列的回归结果可以看出：在"充分竞争类"国有企业中，混合股权制衡度（MIX）的系数均在 5% 的水平上显著为负，且 IMR 的系数均显著，这说明 Heckman 两阶段回归有效地缓解了样本选择偏差，假设 4 的回归结果是稳健的。从表 7-19 第三列和第四列的回归结果可以看出：混合股权制衡度（MIX）的系数均不显著，且 IMR 的系数均不显著，这说明在"重要行业类"国有企业中，混合股权制衡度对过度投资的影响不显著，这与前文结论基本一致。

表 7-19　　　　　　　　　稳健性测试（7）

变量	充分竞争类		重要行业和关键领域类	
	模型 7-1 $OINV$	模型 7-1 $OINV_1$	模型 7-1 $OINV$	模型 7-1 $OINV_1$
MIX	-0.0007** (-2.44)	-0.0120** (-2.49)	-0.0002 (-0.34)	0.0011 (0.13)
SIZE	0.0069*** (2.64)	0.0750* (1.74)	0.0056 (1.09)	0.0368 (0.49)
LEV	0.0322*** (2.91)	0.9074*** (4.92)	0.0610*** (2.79)	0.8896*** (2.79)

续表

变量	充分竞争类		重要行业和关键领域类	
	模型 7-1 $OINV$	模型 7-1 $OINV_1$	模型 7-1 $OINV$	模型 7-1 $OINV_1$
ROE	0.0014 (0.81)	-0.0113 (-0.34)	0.0727 *** (3.72)	0.3216 (1.57)
$Growth$	0.0483 *** (15.30)	0.5904 *** (9.40)	0.0388 *** (8.98)	0.5418 *** (7.43)
$Control$	-0.2054 *** (-2.94)	-3.4312 *** (-2.95)	-0.0388 (-0.27)	-2.6182 (-1.24)
OER	0.0012 (0.05)	-0.4690 (-1.26)	0.0716 * (1.68)	2.1308 *** (3.64)
$BIG4$	-0.0086 (-1.38)	-0.2127 ** (-1.99)	0.0075 (0.81)	0.1962 (1.44)
$Board$	0.0050 (0.95)	0.1978 ** (2.25)	-0.0029 (-0.31)	0.0524 (0.39)
MKT	0.0094 * (1.77)	0.0947 (1.06)	0.0177 (1.59)	0.2311 (1.42)
IMR	0.0813 ** (2.48)	1.4670 *** (2.69)	0.0064 (0.10)	1.3766 (1.40)
截距项	-0.1732 *** (-3.45)	-2.6085 *** (-3.13)	-0.1996 ** (-2.07)	-3.0967 ** (-2.22)
年份	控制	控制	控制	控制
行业	控制	控制	控制	控制
观测值	6893	6893	2800	2800
Adj_R^2	1.1515	0.0335	0.3796	0.0581
F	463.7000 ***	311.6602 ***	233.3864 ***	219.6399 ***

注：*、** 和 *** 分别表示在 10%、5% 和 1% 的水平上显著，括号内为 T 值，所有 T 值均经过公司层面的 cluster 调整。

7.4 本章小结

本章以混合所有制分类改革作为切入点，采用中国 A 股上市公司 2003—2018 年的数据作为研究样本，进一步分析了在"充分竞争"和"重要行业"两类国有企业中，混合股权制衡度对资本配置效率的影响。检验结果表明：

（1）在"充分竞争类"国有企业中，混合股权制衡度的提高能抑制企业的过度投资行为，提高资本的配置效率。因为较之"重要行业类"国有企业，"充分竞争类"国有企业承担的社会责任更少，受到的政治干预更少，同时对非国有资本的开放程度也更高，这使非国有股东能更好地行使其管理和监督的职能，提高监管的效率。

（2）进一步地，在"充分竞争类"国有企业中，市场化程度会对混合股权制衡度与过度投资之间的关系起正向调节作用；内部控制水平会对混合股权制衡度与过度投资之间的关系起正向调节作用；经济政策不确定性会对混合股权制衡度与过度投资之间的关系起负向调节作用；民营股东对过度投资的制衡作用较为显著；政策变更后，混合股权制衡度的增加对过度投资的抑制作用更显著；混合股权制衡度的增加对投资不足的影响不显著。

（3）在稳健性测试中，分别对混合股权制衡度、过度投资进行替代度量并对模型7-1进行检验，回归结果与主测试基本一致。然后通过控制企业的个体效应、安慰剂检验、双聚类调整、PSM配对以及Heckman二阶段等方法，缓解内生性问题，并分别对模型7-1进行检验，回归结果与主测试基本一致。

第8章 研究结论与展望

8.1 研究结论与政策建议

近年来,随着我国国有企业改革已然进入深水区,混合所有制改革作为国有企业改革的重点受到广泛的关注,也是学者们研究的热点问题。国外文献对混合所有制改革的研究结论相对比较一致,即国有企业民营化是有利的,完全民营化是大趋势。而在国内文献中,在肯定了混合所有制改革作用的同时,在股权结构方面并没有得出统一的意见。我国推行的混合所有制改革是中国特色产权制度下的改革,强调以公有制为主体,多种所有制共同发展,期望形成一种具有产权结构多元、治理结构优化的微观经济形式。在这种情况下,针对国有企业混合所有制改革的研究应该更多地关注如何实现各种资本的优势互补以及国有资本的保值增值。

8.1.1 研究结论

本书以国有企业混合所有制改革为研究对象,首先,在相关文献回顾的基础上,理论分析了混合所有制改革对资本配置效率产生影响的作用机制,分析这一作用过程中涉及的影响因素和约束条件,并以此为基础构建混合所有制改革、股权制衡与资本配置效率之间关系的理论原型;其次,嵌入我国特殊的经济体制和法律环境,进而得到基于中国特色社会主义市场化经济的混合所有制改革、股权制衡与资本配置效率之间关系的检验模型;最后,根据上述理论原型和检验模型,选取2003—2018年我国国有A股上市公司作为研究对象,以产权理论、股权制衡理论与委托代理理论为基础,以股权制衡为切入点,从混合股权多样性与混合股权制衡度两个角度研究了国有企业混合所有制改革对资本配置效率的影响,在此基础上加入国有企业分类改革,进一步分析了在不同类型的国有企业中,混合所有制改革对资本配置效率的影响及其作用差异。通过研究得到以下几点主要结论:

第一，关于混合股权多样性、股权制衡与资本配置效率。

（1）国有企业通过混合所有制改革引入各种类型的非国有资本，充分发挥各种资本的优势，完善国有企业治理结构，优化监督机制，且随着不同性质股东种类的增加，对过度投资的抑制作用更强，从而提高资本配置效率，但对投资不足没有显著的影响。（2）国有企业股权多元化增加了制衡股东的异质性，在增强制衡股东监管积极性的同时降低股东之间合谋的可能性，使制衡股东能更好地抑制企业的过度投资行为。因此，异质股权制衡对混合股权多样性与资本配置效率之间的关系起正向中介作用。（3）进一步地，混合股权多样性与异质股权制衡对过度投资的影响只在控制权为国有的时候有效，当企业控制权发生转移之后，其影响就不再显著了。企业所处地区的市场化程度也会影响混合股权多样性、异质股权制衡与过度投资之间的关系。较高的市场化程度能够加强异质股权制衡对混合股权多样性与过度投资之间关系的中介作用。政策变更能够加强混合股权多样性对过度投资的抑制作用。（4）在稳健性测试中分别对混合股权多样性、非效率投资进行替代度量，然后通过控制企业个体效应、双聚类调整、PSM 配对以及 Heckman 二阶段等方法缓解内生性问题，多元回归分析的结果与主测试基本一致。

第二，混合股权制衡度与资本配置效率。

（1）随着混合股权制衡度的增加，使非国有股东的利益与国有企业捆绑得更加紧密，同时，也使非国有股东拥有更强的监督能力，使他们更有动机和能力去监督国有企业的过度投资行为，提高资本配置效率。（2）进一步地，市场化程度能促进混合股权制衡度对过度投资的抑制作用。提高企业的内部控制水平能在一定程度上缓解国有企业信息不对称和委托代理问题，提高非国有股东的制衡效率，更好地抑制过度投资。经济政策不确定性的提高，会增加投资的风险以及对投资决策可行性判断的难度，削弱混合股权制衡度对过度投资的抑制作用。非国有股东按照性质的不同可以分为民营股东、外资股东、机构投资者股东以及自然人股东，在这几种非国有股东中，民营股东对过度投资的制衡作用较为显著。政策变更能够加强混合股权制衡度对过度投资的抑制作用。混合股权制衡度对投资不足的影响不显著。（3）在稳健性测试中，分别对混合股权制衡度、过度投资进行替代度量，然后通过控制企业的个体效应、安慰剂检验、双聚类调整、PSM 配对以及 Heckman 二阶段等方法缓解内生性问题，多元回归分析的结果与主测试基本一致。

第三，混合所有制分类改革与资本配置效率。

（1）在"充分竞争类"国有企业中，混合股权制衡度的提高能抑制企业的过度投资行为，提高资本的配置效率，而在"重要行业类"国有企业中，混合股权制衡度对过度投资的影响不显著。因为较之"重要行业类"国有企业，"充分竞争类"国有企业承担的社会责任更少，受到的政治干预更少，同时对非国有资本的开放程度也更高，这使非国有股东能更好地行使其管理和监督的职能，提高监管的效率。（2）进一步地，在"充分竞争类"国有企业中，市场化程度会对混合股权制衡度与过度投资之间的关系起正向调节作用；内部控制水平会对混合股权制衡度与过度投资之间的关系起正向调节作用；经济政策不确定性会对混合股权制衡度与过度投资之间的关系起负向调节作用；民营股东对过度投资的制衡作用较为显著。政策变更能够加强混合股权制衡度对过度投资的抑制作用。混合股权制衡度对投资不足的影响不显著。（3）在稳健性测试中，分别对混合股权制衡度、过度投资进行替代度量，然后通过控制企业的个体效应、安慰剂检验、双聚类调整、PSM 配对以及 Heckman 二阶段等方法缓解内生性问题，多元回归分析的结果与主测试基本一致。

8.1.2 政策建议

国有企业混改的核心思路就是通过股权结构的多元化，实现多种资本的优势互补，促进国有企业的机制创新，从而更好地融入市场经济。本书的研究结论表明，国有企业引入非国有资本参与企业的经营和管理活动，能够抑制企业的过度投资行为，进而提高资本配置效率。关于如何协调国有资本与非国有资本的关系，才能优化股权结构，实现资本的最优配置，本书根据研究结论，从以下几个方面提出政策建议。

（1）建立合理的多元股权结构和制衡机制。"一股独大""所有者缺位""多层代理问题"等是导致我国国有企业的效率低下的主要因素。"一股独大"意味着控股股东缺乏有效的制衡，使其能轻易利用关联方交易或者投资决策来牟取私利，妨碍公司的正常经营活动，损害中小股东的利益。"所有者缺位"使大股东缺乏足够的动力去监管代理人的过度投资行为，而"多层代理问题"不仅拉长了委托人和代理人之间的距离，增加了代理链条上的利益主体，导致信息不对称程度更严重，加大了监管的难度。为了解决这些问题，应当积极推进国有企业的混合所有制改革，积极引入各种非国有资本，健全法人治理结构，提高国有资本的配置和运行效率，增加国有资产的经济活力和竞争性，更主动地引领经济发展的新常态。

为了实现国有企业机制的创新,一方面,需要充分吸收各种性质资本的长处,结合不同性质股东的经验和智慧,查漏补缺,互相促进;另一方面,非国有股东因为相同的利益诉求能更好地联合起来,对国有大股东形成制衡,股东的异质性也能降低他们与大股东合谋的可能性。让非国有股东成为第二大股东,形成异质股权制衡的股权结构,加强对大股东的监管力度。同时,为了避免"搭便车"现象的发生,需要适当地提高非国有股东的持股比例,既能提高他们参与公司治理活动的积极性,又能加强他们的监管能力。在不同类别的非国有股东中,民营股东有更强的意愿参与国有企业的经营管理活动,民营股东制衡能力的提升能显著抑制企业的过度投资行为,因此,国有企业进行混改时可以更多地考虑引入民营资本参股。

值得注意的是,随着混合所有制改革程度的不断提高,必然会导致股权结构的"质变",即国有企业的控制权发生转移,非国有股东成为第一大股东,在这种情况下,多个非国有股东联合起来制衡国有大股东的结构被打破,失去统一目标的各种资本之间的利益偏差开始凸显,国有制衡股东又缺乏足够的动力去监管非国有大股东的过度投资行为。因此,对民营化的国有企业而言,不应该盲目地追求股权多元化,应当结合自身情况,建立一个拥有较强制衡力度的股权结构。

(2)分类推进国有企业的混合所有制改革。推行国有企业的混合所有制改革必须先界定不同国有企业的功能。首先,具体分析不同国有企业的功能和特点,并结合企业的经营目标,能更有针对性地推行混改,制定更合理的公司治理章程。其次,明确不同功能定位的国有企业的发展方向和目标,能够实现差异化发展,优化国有经济布局结构。再次,能够更有针对性地加强对国有资产的监管,提高监管部门的监管效率,也能督促国有企业更好地完成自身的任务。最后,明确了国有企业的功能定位再进行混改,能更好地因企制宜,规划好企业的股权结构,通过分类对比和分类考核来检验混合所有制改革的成果,及时、准确地解决各类企业混改过程中的问题,不断优化混改方案。《指导意见》提出,按照国有企业的战略定位和发展目标可以分为"商业类"和"公益类"。

由于本书主要研究的是混合所有制改革对国有企业资本配置效率的影响,并不符合公益类国有企业的混改目标(通过完善政府购买服务、特许经营、委托代理等制度,逐步建立市场化运营机制,实现社会效益最大化),仅对"商业类"国有企业的分类混改提出意见:本书将"商业类"国有企业分为"充分竞争类"和"重要行业类"两类。对于"充分竞争类"国有企业的混改,可以根据需要积极引入非国有资本，即通过引入适配性、互补性、协同性强的战略投资者，优化融资链和产业链，通过交叉持股、员工持股、共同上市等方式，将国有资产进一步资本化，增强国有资本的流动性，提高资本的配置效率。对非国有资本不设限制，国有资本宜控则控，宜参则参，使国有企业能够遵循商业化的运作模式，做到市场化管理、契约化管理，增强国有经济活力，放大国有企业功能，实现国有资本的保值增值。

对于"重要行业类"国有企业的混改，需要在充分发挥特定的国家功能的同时，兼顾企业的自身发展和效率的提升，因此，需要对非国有持股进行限制，确保国有资本的控股地位。在这种情况下，许多"重要行业类"国有企业出于谨慎的考虑，不敢对非国有资本进行最大程度的开放，导致该类国有企业的混改程度普遍偏低，使非国有股东缺乏参与公司治理的积极性和制衡能力，无法实现多种资本的优势互补。针对这种情况，可以从业务特征和股权设置两个角度进行改革：其一，对国有功能进行细分，对特殊业务和竞争性业务实行有效分离，独立运作，独立核算，即将竞争性业务更多地对非国有资本放开，促进公共资源配置的市场化，局部实现资本的最优配置。其二，根据约瑟夫·斯蒂格利茨的政府干预理论，为了降低政府干预失灵对"重要行业类"国有企业的资本配置效率的负面影响，应该适当降低国有企业的垄断程度，将政府职能分散于不同国有企业，形成国有企业之间的适度竞争。同时，引入民营、外资、机构投资者等非国有资本，建立和优化股权制衡机制，提高资本配置效率。其三，构建双层股权结构来放大国有持股的控制权，在确保国有资本对企业控制权的同时，降低对非国有资本的限制，调动非国有股东的积极性，优化公司治理机制，有效抑制企业的过度投资行为。

更进一步地，"重要行业类"国有企业根据其所承担的社会责任和国家功能的不同，其混改的目标和侧重点都会发生变化，混改方式也需要进行相应的调整。其一，重要基础设施行业。这类国有企业涉及我国经济社会发展的基础，《意见》明确提出国有资本需要保证其控股地位，鼓励非国有资本通过特许经营、项目外包等方式参与具有一定收益的业务和经营环节，同时要建立健全政府和非国有资本的合作机制。其二，重要自然资源行业。这类国有企业涉及对国家战略性资源的保护，同样要求确保国有资本的控股地位，非国有资本依法参与。国有企业通过出让部分开采或使用权限的方式邀请非国有资本参与资源开采或相关基础设施建设。其三，重要传输网络行业，主要是指涉及江河主干渠道、电网、石油天然气主干管网等基础建设的行业。根据这类国有企业的行业特点实施的新常态。

为了实现国有企业机制的创新,一方面,需要充分吸收各种性质资本的长处,结合不同性质股东的经验和智慧,查漏补缺,互相促进;另一方面,非国有股东因为相同的利益诉求能更好地联合起来,对国有大股东形成制衡,股东的异质性也能降低他们与大股东合谋的可能性。让非国有股东成为第二大股东,形成异质股权制衡的股权结构,加强对大股东的监管力度。同时,为了避免"搭便车"现象的发生,需要适当地提高非国有股东的持股比例,既能提高他们参与公司治理活动的积极性,又能加强他们的监管能力。在不同类别的非国有股东中,民营股东有更强的意愿参与国有企业的经营管理活动,民营股东制衡能力的提升能显著抑制企业的过度投资行为,因此,国有企业进行混改时可以更多地考虑引入民营资本参股。

值得注意的是,随着混合所有制改革程度的不断提高,必然会导致股权结构的"质变",即国有企业的控制权发生转移,非国有股东成为第一大股东,在这种情况下,多个非国有股东联合起来制衡国有大股东的结构被打破,失去统一目标的各种资本之间的利益偏差开始凸显,国有制衡股东又缺乏足够的动力去监管非国有大股东的过度投资行为。因此,对民营化的国有企业而言,不应该盲目地追求股权多元化,应当结合自身情况,建立一个拥有较强制衡力度的股权结构。

(2) 分类推进国有企业的混合所有制改革。推行国有企业的混合所有制改革必须先界定不同国有企业的功能。首先,具体分析不同国有企业的功能和特点,并结合企业的经营目标,能更有针对性地推行混改,制定更合理的公司治理章程。其次,明确不同功能定位的国有企业的发展方向和目标,能够实现差异化发展,优化国有经济布局结构。再次,能够更有针对性地加强对国有资产的监管,提高监管部门的监管效率,也能督促国有企业更好地完成自身的任务。最后,明确了国有企业的功能定位再进行混改,能更好地因企制宜,规划好企业的股权结构,通过分类对比和分类考核来检验混合所有制改革的成果,及时、准确地解决各类企业混改过程中的问题,不断优化混改方案。《指导意见》提出,按照国有企业的战略定位和发展目标可以分为"商业类"和"公益类"。

由于本书主要研究的是混合所有制改革对国有企业资本配置效率的影响,并不符合公益类国有企业的混改目标(通过完善政府购买服务、特许经营、委托代理等制度,逐步建立市场化运营机制,实现社会效益最大化),仅对"商业类"国有企业的分类混改提出意见:本书将"商业类"国有企业分为"充分竞争类"和"重要行业类"两类。对于"充分竞争类"国有企业的混改,可以根据需要积极引入非国有资本,即通过引入适配性、互补性、协同性强的战略投资者,优化融资链和产业链,通过交叉持股、员工持股、共同上市等方式,将国有资产进一步资本化,增强国有资本的流动性,提高资本的配置效率。对非国有资本不设限制,国有资本宜控则控,宜参则参,使国有企业能够遵循商业化的运作模式,做到市场化管理、契约化管理,增强国有经济活力,放大国有企业功能,实现国有资本的保值增值。

对于"重要行业类"国有企业的混改,需要在充分发挥特定的国家功能的同时,兼顾企业的自身发展和效率的提升,因此,需要对非国有持股进行限制,确保国有资本的控股地位。在这种情况下,许多"重要行业类"国有企业出于谨慎的考虑,不敢对非国有资本进行最大程度的开放,导致该类国有企业的混改程度普遍偏低,使非国有股东缺乏参与公司治理的积极性和制衡能力,无法实现多种资本的优势互补。针对这种情况,可以从业务特征和股权设置两个角度进行改革:其一,对国有功能进行细分,对特殊业务和竞争性业务实行有效分离,独立运作,独立核算,即将竞争性业务更多地对非国有资本放开,促进公共资源配置的市场化,局部实现资本的最优配置。其二,根据约瑟夫·斯蒂格利茨的政府干预理论,为了降低政府干预失灵对"重要行业类"国有企业的资本配置效率的负面影响,应该适当降低国有企业的垄断程度,将政府职能分散于不同国有企业,形成国有企业之间的适度竞争。同时,引入民营、外资、机构投资者等非国有资本,建立和优化股权制衡机制,提高资本配置效率。其三,构建双层股权结构来放大国有持股的控制权,在确保国有资本对企业控制权的同时,降低对非国有资本的限制,调动非国有股东的积极性,优化公司治理机制,有效抑制企业的过度投资行为。

更进一步地,"重要行业类"国有企业根据其所承担的社会责任和国家功能的不同,其混改的目标和侧重点都会发生变化,混改方式也需要进行相应的调整。其一,重要基础设施行业。这类国有企业涉及我国经济社会发展的基础,《意见》明确提出国有资本需要保证其控股地位,鼓励非国有资本通过特许经营、项目外包等方式参与具有一定收益的业务和经营环节,同时要建立健全政府和非国有资本的合作机制。其二,重要自然资源行业。这类国有企业涉及对国家战略性资源的保护,同样要求确保国有资本的控股地位,非国有资本依法参与。国有企业通过出让部分开采或使用权限的方式邀请非国有资本参与资源开采或相关基础设施建设。其三,重要传输网络行业,主要是指涉及江河主干渠道、电网、石油天然气主干管网等基础建设的行业。根据这类国有企业的行业特点实施网运分开，主辅分离，即网络的铺设具有自然垄断性，国有资本需绝对控股，但运营可以形成市场竞争，鼓励非国有资本参与相关项目的投资建设。其四，重要技术、数据和战略物资行业，如核电、气象数据收集等。这类国有企业在国家经济发展占有主导地位，国有资本需要确保绝对控股。其五，国防军工类特殊产业，对涉及国家战略安全和核心机密的军工国有企业实施独资或绝对控股，其他类型按照重要性等级逐步放宽市场准入。其六，其他重要行业，主要包括提供公共服务、环境保护、高新技术等行业。除了少数影响国有经济发展的行业，其他行业根据资本运作的需求，尽量放宽限制，实现市场化运作，充分发挥国有资本的引领和带动作用。

（3）完善公司内部治理机制和监管机制。国有企业资金充裕且缺乏融资约束，企业管理者由于激励不足、监管不足等问题，更愿意选择利用企业的资金来牟取私利，通过投资决策来进行权力寻租，同时，多层级的委托代理关系，也加重了企业内部的信息不对称的程度，提高了监管的难度，降低了监管效率，导致国有企业的过度投资情况严重。因此，国有企业应当进一步完善公司内部治理和监管机制，建立各种资本相互制衡、共同管理的多元股权结构，充分调动国有股东和非国有股东的主观能动性，提高运行效率。同时，建立健全公司的内部控制系统，完善相关的信息披露，不仅能对企业的资金管理、投资决策等行为进行管理和监督，还能及时发现企业存在的内部缺陷，做到早披露早修正。一个完善的内部控制制度还能在一定程度上缓解委托代理问题，增加内部信息的透明度，减少各股东之间因信息不对称产生的冲突，使股权制衡机制能更好地发挥作用，抑制企业过度投资行为，提高资本配置效率。因此，应根据国有企业的实际情况，结合多种资本共同经营的治理结构，努力制定一套更加契合国有企业混改的内部控制制度，完善混合所有制经济制度建设，优化国有资本的配置效率，实现国有资本的保值增值。

（4）改善外部法制环境。为了充分发挥非国有股东的制衡作用，不仅需要完善公司内部治理机制，更需要一个良好的外部环境的配合。我国的证券市场还处于转型阶段，为了适应经济的发展，国家需要出台相关的经济政策对证券市场进行调节，但经济政策频繁变动引发的政策不确定性可能会对企业投资产生负面影响，增加的投资风险和变更成本也加大了非国有股东对投资决策监管的难度。因此，有关部门决定出台经济政策的时候需要更加谨慎，优先考虑到政策变更可能带来的不利影响，再确定是否施行。

企业所处地区法制环境和市场化程度会对企业投资决策产生重要影响。建立健全相关法律法规，改善外部法制环境，能提高证券市场的信息透明度，降低投资风险以及对投资决策进行科学判断的难度，也使非国有股东能更好地监督大股东的过度投资行为，提高资本配置效率。

8.2 研究局限与展望

8.2.1 研究局限

本书从股权制衡的角度入手，对混合所有制改革与资本配置效率之间的关系展开了研究，并得到了一些预期的结果。因受自身研究能力、时间和资源等的限制，本书存在以下几点局限性：

（1）数据收集。本书十大股东性质的数据主要通过手工收集，其中还涉及不少的主观判断，导致数据结果与实际情况之间可能存在偏差。

（2）样本选择。本书仅以上市于2003年之前的国有上市公司为研究对象，形成2003—2018年的面板数据，这导致国有上市公司的样本量较少，且以前年度报表披露的相关规定还不完善，使披露信息存在缺失，对样本的选择产生不利影响。

（3）从研究内容来看。受限于人力和时间成本，本书主要使用股权多样化和混合股权制衡度等股东层面的数据来衡量混改程度，没有进一步分析其对治理结构的影响。此外，本书对"商业类"国有企业的分类还较为笼统，关于混合所有制改革的分类推进还有待进一步的细化。

8.2.2 研究展望

根据上述不足，本书将在以下几个方面进行进一步研究：

（1）可以适当调节样本的选择区间，如将2008年作为选择国有企业的初始年份，因为我国国有企业股权分置改革于2007年底基本完成，之后国有企业推行混改，引入非国有资本的难度更低。通过改变样本选择的范围，能在一定程度上缓解样本选择偏差对研究结果的影响，同时，年份越近的相关数据的披露也越规范越齐全，提高了数据的准确性。

（2）对国有企业混改之后，非国有股东参与公司治理的路径进行进一步的分析，研究非国有股东委派董监高情况对企业资本配置效率的影响。而非国有股东委派董监高情况，又可以从委派人员比例（如委派董事会成员在董事会中的占比）和委派人员种类（如委派高管是否担任财务总监、副总经理等重要职务）的角度进行细化分析。

（3）本书将"商业类"国有企业简单分为"充分竞争类"和"重要行业和关键领域类"两类，其中"充分竞争类"国有企业的混改目标是放大国有资本功能，实现国有资产的保值增值，且这一目的不会因为所处行业和领域的不同而产生变化。但对"重要行业类"国有企业而言，根据其所承担的社会责任和国家功能的不同，其混改的目标和侧重点都会发生变化，混改方式也需要进行相应的调整。本书可以进一步将"重要行业类"国有企业分为"重要基础设施类""重要自然资源类""重要传输网络类""重要技术、数据和战略物资类""国防军工类""其他重要行业类"六类国有企业，并实证检验在细化分类情况下混合所有制改革的实施情况，提出更有针对性的建议。

参考文献

[1] Almeida, H., Wolfenzon, D.. The effect of external finance on the equilibrium allocation of capital [J]. *Journal of Financial Economics*, 2005 (75): 133 – 164.

[2] Bennedsen M., D. Wolfenzon. The Balance of Power in Closely—Held Corporation [J]. *Journal of Financial Economics*, 2000, 58 (1/2): 113 – 139.

[3] Billett, M. T., Garfinkel, J. A., Jiang, Y. The Influence of Governance on Investment: Evidence from a Hazard Model [J]. *Journal of Financial Economics*, 2011 (3): 643 – 670.

[4] Chen, S., Sun, Z., Tang, S.. Government Intervention and Investment Efficiency: Evidence from China [J]. *Journal of Corporate Finance*, 2011, 17 (2): 259 – 271.

[5] Djankov S., Murrel P. Enterprise Restructuring in Transition: a Quantitative Survey [J]. *Journal of Economic Literature*, 2002, 40 (3): 739 – 792.

[6] D'Souza J., Megginson W. L., Nash R. Effect of Institutional and Characteristics on in the Firm-specific Post-privatization Performance: Evidence from Developed pressure to the Countries [J]. *Journal of Corporate Finance*, 2005, 11 (5): 747 – 766.

[7] Durand R., Vargas V. Ownership, organization and private firms' efficient use of resources [J]. *Strategic Management Journal*, 2003, 24 (7): 667 – 675.

[8] Faccio, M., L. Lang, L. Young. Dividends and Expropriation [J]. *American Economic Review*, 2001, 91 (1): 54 – 78.

[9] Fan J. P. H., T. J. Wong, T. Zhang. Politically Connected CEOs, Corporate Governance and Post-IPO Performance of China's Newly Partially Privatized Firms [J]. *Journal of Financial Economics*, 2007 (84): 330 – 357.

[10] Fan, J., Wei, K., Xu, X. Corporate Finance and Governance in Emerging Markets: A Selective Review and an Agenda for Future Research [J]. *Journal of*

Corporate Finance, 2011 (17): 207 – 214.

[11] Glory R. Rong. Guangdong takes the lead in SOE reform [J]. *China Law and Practice*, 2015, 16 (2): 1 – 4.

[12] Gomes, A, Novaes, W. Sharing of Control versus Monitoring [J]. *PIER Working paper*, University of Pennsylvania Law School, 2005: 1 – 29.

[13] Holderness, C. G. The Myth of Diffuse Ownership in the United States [J]. *Review of Financial Studies*, 2009, 22 (4): 1377 – 1408.

[14] Huang, S., V. T. Anjan. Investor Heterogeneity, Investor-Management Disagreement and Share Repurchases [J]. *Review of Financial Studies*, 2013, 26 (10): 2453 – 2491.

[15] Jeffrey Wurgler. Financial markets and the allocation of capital [J]. *Journal of Financial Economics*, 2000 (1): 187 – 214.

[16] Khasnobis, B. G., Bhaduri, S. N.. A Hallmark of India's New Economic Policy: Deregulation and Liberalization of the Financial Sector [J]. *Journal of Asian conomics*, 2000 (11): 333 – 346.

[17] Kornai J., J. W. Weibull. Paternalism, Buyers' and Sellers' Markets [J]. *Mathematical and Social Sciences*, 1983 (6): 153 – 169.

[18] Lin Y, T. Zhu. Ownership Restructuring in Chinese State Industry: An Analysis of Evidence on Initial Organizational Changes [J]. *China Quarterly*, 2001 (166): 305 – 341.

[19] La Porta, R., F. Lopez-de-Silanes, A. Shleifer, R. W. Vishny. Investor protection and Corporate Valuation [J]. *Journal of Finance*, 2002 (57): 1147 – 1170.

[20] Luo, Y., M. W. Peng. First Mover Advantages in Investing in Transitional Economies [J]. *Thunderbird International Business Review*, 1998, 40 (2): 141 – 163.

[21] Mclean R. D., Zhang T., Zhao M. Why does the law matter? Investor protection and its effects on investment, finance and growth [J]. *The Journal of Finance*, 2012, 67 (1): 313 – 350.

[22] Mcnichols M. F., Stubben S. R.. Does Earnings Management Affect Firms' Investment Decisions? [J]. *Accounting Review*, 2008, 83 (6): 1571 – 1603.

[23] Megginson W., Netter J. M. From state to market: a survey of empirical

studies on privatization [J]. *Journal of economic literature*, 2001, 39 (2): 321 – 389.

[24] Ortega-Argiles R. , Moreno R. , Caralt J. S. Ownership structure and innovation: is there a real link [J]. *The Annals of Regional Science*, 2005, 39 (4): 637 – 662.

[25] Pagano M. , A. Roell. The Choice of Stock Ownership Structure: Agency Costs, Monitoring, and The Decision To Go To Public [J]. *Quarterly Journal of Economics*, 1998, 113 (1): 188 – 225.

[26] Pawlina, G. , Renneboog, L. Is Investment-Cash Flow Sensitivity Caused by Agency Costs or Asymmetric Information? Evidence from the UK [J]. *European Financial Management*, 2005, 11 (4): 483 – 513.

[27] Peterson, M. A. . Estimating Standard Errors in Finance Panel Data Set: Comparing Approaches [J]. *Review of Financial Studies*, 2009, 22 (1): 435 – 480.

[28] Rousseau P. L. , Xiao S. Change of Control and the Success of China's the Share-issue Privatization [J]. *The China Economic Review*, 2008, 19 (4): 605 – 613.

[29] Scharfstein, D. S. , Stein, J. C. The Dark Side of Internal Capital Markets: Divisional Rent-Seeking and Inefficient Investment [J]. *Journal of Finance*, 2000, 55 (6): 2537 – 2564.

[30] Shleifer A. State Versus Private Ownership [J]. *Journal of Economic Perspectives*, 1998, 12 (4): 133 – 150.

[31] Shleifer, A. , R. W. Vishny. A Survey of Corporate Governance [J]. *Journal of Finance*, 1997 (52): 737 – 783.

[32] Stulz R. M. Managerial Discretion and Optimal Financing Policies [J]. *Journal of Financial Economics*, 1990, 26 (1): 3 – 27.

[33] Sugato Chakravarty, Leann G. Rutherford. Do busy directors influence the cost of debt? An examination through the lens of takeover vulnerability [J]. *Journal of Corporate Finance*, 2017 (43): 429 – 443.

[34] Sun Q, W H S Tong. China Share Issue Privatization: The Extent of Its Success [J]. *Journal of Financial Economics*, 2003 (70): 183 – 222.

[35] Sun Q. , W. H. S. Tong, J. Tong. How does Government Ownership Affect Firm Performance? Evidence from China's Privatization Experience [J]. *Journal of*

Business Finance and Accounting, 2002 (29): 1 - 27.

［36］Wang, Xiaozhu, Lixin Colin Xu, Tian Zhu. Is Public Listing a Way Out for State-Owned Enterprises? Economics of Transition ［J］. 2002, 12 (3): 467 - 488.

［37］Weidong Yang. The new round of reform of state-owned enterprises ［J］. *Journal of Entrepreneurship in Emerging Economies*, 2015, 7 (1): 55 - 66.

［38］Williason, O. E. Transaction-cost Economics: The Governance of Contractual Relations ［J］. *Journal of Law and Economics*, 1979, 22 (2): 233 - 261.

［39］Xu X N, Wang Y. Ownership Structure and Corporate Governance in Chinese Stock Companies ［J］. *China Economic Review*, 1999 (10): 75 - 98.

［40］薄仙慧，吴联生. 国有控股与机构投资者的治理效应：盈余管理视角 ［J］. 经济研究，2009 (3): 81 - 92.

［41］曹春方，马连福，沈小秀. 财政压力、晋升压力、官员任期与地方国企过度投资 ［J］. 经济学 (季刊)，2014 (4): 1415 - 1436.

［42］陈德萍，陈永圣. 股权集中度、股权制衡度与公司绩效关系研究 ［J］. 会计研究，2011 (1): 38 - 43.

［43］陈德球，李思飞，钟昀珈. 政府质量、投资与资本配置效率 ［J］. 世界经济，2012 (3): 89 - 110.

［44］陈俊龙，汤吉军. 管理授权、国有股最优比例与产能过剩——基于混合寡占模型的研究 ［J］. 当代财经，2016 (2): 74 - 84.

［45］陈俊龙，汤吉军. 国有企业混合所有制分类改革与国有股最优比例——基于双寡头垄断竞争模型 ［J］. 广东财经大学学报，2016 (1): 36 - 44.

［46］陈林，唐杨柳. 混合所有制改革与国有企业政策性负担 ［J］. 经济学家，2014 (11): 13 - 23.

［47］陈清泰. 国有企业改革与公司治理 ［J］. 南开管理评论，2009 (3): 4 - 5.

［48］陈小悦，徐晓东. 股权结构、企业绩效与投资者利益保护 ［J］. 经济研究，2001, 36 (11): 3 - 11.

［49］陈晓，江东. 股权多元化、公司业绩与行业竞争性 ［J］. 经济研究，2000, 35 (8): 28 - 35.

［50］陈志军，赵月皎，刘洋. 不同制衡股东类型下股权制衡与研发投入——基于双重代理成本视角的分析 ［J］. 经济管理，2016 (3): 57 - 66.

［51］丁启军，伊淑彪．中国行政垄断行业效率损失研究［J］．山西财经大学学报，2008（12）：42-47．

［52］董梅生，洪功翔．中国混合所有制企业股权结构选择与绩效研究［J］．上海经济研究，2017（3）：71-77．

［53］范海峰，胡玉明，石水平．机构投资者持股与资本支出决策关系的实证［J］．山西财经大学学报，2009（8）：85-91．

［54］方军雄．所有制、市场化程度与资本配置效率［J］．管理世界，2007（11）：27-35．

［55］冯朝军．新时期我国国有企业混合所有制改革路径探索［J］．技术经济与管理研究，2017（12）：42-46．

［56］高雷，张杰．公司治理、机构投资者与盈余管理［J］．会计研究，2008（9）：64-72．

［57］郭克莎．中国所有制结构变动与资源总配置效应［J］．经济研究，1994（7）：3-13．

［58］韩立岩，蔡红艳．我国资本配置效率及其与金融市场关系评价研究［J］．管理世界，2002（1）：65-70．

［59］洪敏，张涛，张柯贤．企业社会责任信息披露与资本配置效率——基于强制性信息披露的准自然实验［J］．哈尔滨商业大学学报（社会科学版），2019（4）：54-64．

［60］洪正，袁齐．非国有股东治理与国企分红——兼论混合所有制改革［J］．商业研究，2019（1）：39-48．

［61］胡耀丹，祖笠．国有企业混合所有制改革理论及其在云南省的应用［J］．财会月刊，2017（29）：82-90．

［62］胡一帆，宋敏，郑红亮．所有制结构改革对中国企业绩效的影响［J］．中国社会科学，2006（4）：50-64．

［63］胡一帆，宋敏，张俊喜．中国国有企业民营化绩效研究［J］．经济研究，2006（7）：49-60．

［64］黄谦．中国证券市场机构投资者与上市公司盈余管理关联性的研究［J］．当代经济科学，2009（4）：108-115．

［65］黄群慧，余菁．新时期的新思路：国有企业分类改革与治理［J］．中国工业经济，2013（11）：5-17．

［66］姜付秀，支晓强，张敏．投资者利益保护与股权融资成本——以中国

上市公司为例的研究 [J]. 管理世界, 2008 (2): 117-125.

[67] 解维敏, 唐清泉, 陆姗姗. 政府 R&D 资助, 企业 R&D 支出与自主创新——来自中国上市公司的经验证据 [J]. 金融研究, 2009 (6): 86-99.

[68] 兰秀文, 张玲. 股权制衡、研发投入与企业绩效——来自创业板经验数据 [J]. 财经理论研究, 2017 (2): 77-85.

[69] 李春涛, 宋敏. 中国制造业企业的创新活动: 所有制和 CEO 激励的作用 [J]. 经济研究, 2010 (5): 55-67.

[70] 李凤羽, 杨墨竹. 经济政策不确定性会抑制企业投资吗——基于中国经济政策不确定指数的实证研究 [J]. 金融研究, 2015 (4): 115-129.

[71] 李建标, 王高阳, 李帅琦, 殷西乐. 混合所有制改革中国有和非国有资本的行为博弈——实验室实验的证据 [J]. 中国工业经济, 2016 (6): 109-126.

[72] 李青原. 会计信息质量与公司资本配置效率——来自我国上市公司的经验证据 [J]. 南开管理评论, 2009 (2): 115-124.

[73] 李维安, 姜涛. 公司治理与企业过度投资行为研究 [J]. 财贸经济, 2007 (12): 56-61.

[74] 李云鹤, 李湛, 唐松莲. 企业生命周期、公司治理与公司资本配置效率 [J]. 南开管理评论, 2011 (3): 110-121.

[75] 李增泉, 孙铮, 王志伟. "掏空"与所有权安排——来自我国上市公司大股东资金占用的经验数据 [J]. 会计研究, 2004, 25 (12): 3-13.

[76] 林丽娜. 机构投资者、非效率投资与公司业绩 [J]. 中国注册会计师, 2017 (8): 44-50.

[77] 林毅夫, 刘明兴, 章奇. 政策性负担与企业的预算软约束: 来自中国的实证研究 [J]. 管理世界, 2004 (8): 81-89.

[78] 刘小玄, 李利英. 改制对企业绩效影响的实证分析 [J]. 中国工业经济, 2005 (3): 5-12.

[79] 刘小玄. 民营化改制对中国产业效率的效果分析——2001 年全国工业普查数据的分析 [J]. 经济研究, 2004 (8): 16-26.

[80] 刘小玄. 企业产权变革的效率分析 [J]. 中国社会科学, 2005 (2): 4-16.

[81] 刘小玄. 中国工业企业的所有制结构对效率差异的影响——1995 年全国工业企业普查数据的实证分析 [J]. 经济研究, 2000 (2): 17-25.

[82] 刘新民, 郑润佳, 王垒. 机构投资者持股与股权制衡对央企效率的治理效应 [J]. 现代财经 (天津财经大学学报), 2016 (10): 27-38.

[83] 刘星, 刘伟. 监督, 抑或共谋——我国上市公司股权结构与公司价值的关系研究 [J]. 会计研究, 2007 (6): 68-75.

[84] 刘银国, 高莹, 白文周. 股权结构与公司绩效相关性研究 [J]. 管理世界, 2010 (9): 177-179.

[85] 刘媛媛, 黄卓谢, 德逊等. 中国上市公司股权结构与公司绩效实证研究 [J]. 经济与管理研究, 2011 (2): 24-32.

[86] 卢建词, 姜广省. 混合所有制与国有企业现金股利分配 [J]. 经济管理, 2018 (2): 5-20.

[87] 逯东, 孙岩, 杨丹. 会计信息与资源配置效率研究述评 [J]. 会计研究, 2012 (6): 19-24.

[88] 罗党论, 甄丽明. 民营控制、政治关系与企业融资约束——基于中国民营上市公司的经验证据 [J]. 金融研究, 2008 (12): 164-178.

[89] 马连福, 王丽丽, 张琦. 混合所有制的优序选择: 市场的逻辑 [J]. 中国工业经济, 2015 (7): 5-20.

[90] 欧瑞秋, 李捷瑜, 李广众. 部分民营化与国有企业定位 [J]. 世界经济, 2014 (5): 112-134.

[91] 潘越, 王宇光, 许婷. 社会资本、政府干预与区域资本配置效率——来自省级工业行业数据的证据 [J]. 审计与经济研究, 2015 (5): 85-94.

[92] 蒲艳萍, 成肖. 金融发展、市场化与服务业资本配置效率 [J]. 经济学家, 2014 (6): 43-52.

[93] 綦好东, 郭骏超, 朱炜. 国有企业混合所有制改革: 动力、阻力与实现路径 [J]. 管理世界, 2017 (10): 8-19.

[94] 钱雪松. 企业内部资本配置效率问题研究——基于融资歧视和内部人控制的一般均衡视角 [J]. 会计研究, 2013 (10): 43-50.

[95] 邱霞. 混合所有制改革的路径分析 [J]. 西部论坛, 2015 (2): 33-39.

[96] 申景奇, 伊志宏. 产品市场竞争与机构投资者的治理效应——基于盈余管理的视角 [J]. 山西财经大学学报, 2010 (11): 50-59.

[97] 宋立刚, 姚洋. 改制对企业绩效的影响 [J]. 中国社会科学, 2005 (2): 17-32.

[98] 宋敏，张俊喜，李春涛. 股权结构的陷阱 [J]. 南开管理评论，2004，7（1）：9-23+56.

[99] 苏坤. 管理层股权激励、风险承担与资本配置效率 [J]. 管理科学，2015（3）：14-25.

[100] 孙即，张望军，周易. 员工持股计划的实施动机及其效果研究 [J]. 当代财经，2017（9）：45-58.

[101] 孙菊生，李小俊. 上市公司股权结构与经营绩效关系的实证分析 [J]. 当代财经，2006（1）：80-84.

[102] 孙兆斌. 股权集中、股权制衡与上市公司的技术效率 [J]. 管理世界，2006（7）：115-124.

[103] 唐建新，李永华，卢建龙. 股权结构、董事会特征与大股东掏空——来自民营上市公司的经验证据 [J]. 经济评论，2013（1）：86-94.

[104] 唐清泉，罗党论，王莉. 大股东的隧道挖掘与制衡力量——来自中国市场的经验证据 [J]. 中国会计评论，2005（1）：63-86.

[105] 唐现杰，李新宇. 国有企业混合所有制改革成功范式探索 [J]. 人民论坛·学术前沿，2017（18）：91-94.

[106] 田利辉. 国有股权对上市公司绩效影响的U形曲线和政府股东两手论 [J]. 经济研究，2005（10）：48-58.

[107] 涂国前，刘峰. 制衡股东性质与制衡效果——来自中国民营化上市公司的经验数据 [J]. 管理世界，2010（11）：132-188.

[108] 王福胜，宋海旭. 终极控制人、多元化战略与现金持有水平 [J]. 管理世界，2012（7）：124-136.

[109] 王宏伟. 资本效率与经济增长 [D]. 中国社会科学院研究生院，2001.

[110] 王化成，裘益政，尹美群. 控股股东与公司绩效——民营上市公司与国有上市公司的对比分析 [J]. 山西财经大学学报，2007（6）：60-68.

[111] 王奇波，宋常. 国外关于最优股权结构与股权制衡的文献综述 [J]. 会计研究，2006（1）：83-88+94.

[112] 王霞，张敏，于富生. 管理者过度自信与企业投资行为异化——来自我国证券市场的经验证据 [J]. 南开管理评论，2008（2）：77-83.

[113] 王小鲁，樊纲，余静文. 中国分省份市场化指数报告（2016）[M]. 北京：社会科学文献出版社，2017.

[114] 王孜. 审计治理、高管腐败与资本配置效率 [D]. 对外经济贸易大学, 2016.

[115] 卫兴华, 何召鹏. 从理论和实践的结合上弄清和搞好混合所有制经济 [J]. 经济理论与经济管理, 2015 (1): 15–21.

[116] 卫兴华.《资本效率理论与产业增长》评介 [J]. 财经理论研究, 2008 (5): 135.

[117] 魏明海, 蔡贵龙, 柳建华. 中国国有上市公司分类治理研究 [J]. 中山大学学报（社会科学版), 2017 (7): 175–192.

[118] 魏熙晔, 张前程. 最优股权结构与公司价值——理论模型与来自中国的经验证据 [J]. 当代经济科学, 2014 (3): 92–103.

[119] 文芳. 股权集中度、股权制衡与公司 R&D 投资——来自中国上市公司的经验证据 [J]. 南方经济, 2008 (1): 41–52+11.

[120] 吴联生. 国有股权、税收优惠与公司税负 [J]. 经济研究, 2009 (10): 109–120.

[121] 吴万宗, 宗大伟. 何种混合所有制结构效率更高——中国工业企业数据的实证检验与分析 [J]. 现代财经：天津财经大学学报, 2016 (3): 15–25.

[122] 吴延兵. 中国工业产业创新水平及影响因素——面板数据的实证分析 [J]. 产业经济评论, 2006 (2): 155–171.

[123] 夏冬林, 李刚. 机构投资者持股和会计盈余质量 [J]. 当代财经, 2008 (2): 111–118.

[124] 熊家财, 苏冬蔚. 股票流动性与企业资本配置效率 [J]. 会计研究, 2007 (11): 54–60.

[125] 徐二明, 张晗. 中国上市公司国有股权对技术创新方式的影响 [J]. 经济管理, 2008 (15): 42–46.

[126] 徐莉萍, 辛宇, 陈工孟. 股权集中度和股权制衡及其对公司经营绩效的影响 [J]. 经济研究, 2006 (1): 90–99.

[127] 徐晓东, 陈小悦. 第一大股东对公司治理、企业业绩的影响分析 [J]. 经济研究, 2003 (2): 64–74.

[128] 颜爱民, 马箭. 股权集中度、股权制衡对企业绩效影响的实证研究——基于企业生命周期的视角 [J]. 系统管理学报, 2013 (3): 385–393.

[129] 杨德明, 林斌, 王彦超. 内部控制、审计质量与大股东资金占用 [J]. 审计研究, 2009 (5): 74–81.

[130] 杨红英, 童露. 论混合所有制改革下的国有企业公司治理 [J]. 宏观经济研究, 2015 (1): 42-51.

[131] 杨瑞龙. 以混合经济为突破口推进国有企业改革 [J]. 改革, 2014 (5): 19-22.

[132] 杨兴全, 尹兴强. 国企混改如何影响公司现金持有? [J]. 管理世界, 2018 (11): 93-107.

[133] 姚俊, 吕源, 蓝海林. 我国上市公司多元化与经济绩效关系的实证研究 [J]. 管理世界, 2004 (11): 119-125.

[134] 叶勇, 胡培, 何伟. 上市公司终极控制权、股权结构及公司绩效 [J]. 管理科学, 2005, 18 (1): 58-64.

[135] 尤华, 李恩娟. 股权结构与股权代理成本关系的实证研究——基于2011年创业板上市公司的数据研究 [J]. 技术经济与管理研究, 2014 (1): 64-69.

[136] 于文超, 何勤英. 投资者保护、政治联系与资本配置效率 [J]. 金融研究, 2013 (5): 152-166.

[137] 张超, 刘星. 内部控制缺陷信息披露与企业投资效率——基于中国上市公司的经验研究 [J]. 南开管理评论, 2015 (5): 136-150.

[138] 张栋. 控股股东控制、负债融资与企业投资 [J]. 证券市场导报, 2008 (5): 69-77.

[139] 中国宏观经济分析与预测课题组. 新时期新国企的新改革思路——国有企业分类改革的逻辑、路径与实施 [J]. 经济理论与经济管理, 2017 (5): 5-24.

[140] 张丽平, 杨兴全. 管理者权力、管理层激励与过度投资 [J]. 软科学, 2010 (10): 107-112.

[141] 张双鹏, 周建, 周飞谷. 混合所有制改革对企业战略变革的影响研究——基于结构性权力的视角 [J]. 管理评论, 2019 (1): 183-196.

[142] 张蕊, 蒋煦涵. 混合所有制改革、国有股最优比例与工业增加值 [J]. 当代财经, 2018 (2): 115-123.

[143] 张维迎. 公有制经济中的委托人—代理人关系: 理论分析和政策含义 [J]. 经济研究, 1995 (4): 10-20.

[144] 张维迎. 企业理论和中国企业改革 [M]. 北京: 北京大学出版社, 1999.

[145] 张祥建,郭岚. 资产注入、大股东寻租行为与资本配置效率 [J]. 金融研究, 2008 (2): 98-112.

[146] 张祥建,郭丽虹,徐龙炳. 中国国有企业混合所有制改革与企业投资效率——基于留存国有股控制和高管政治关联的分析 [J]. 经济管理, 2015 (9): 132-145.

[147] 张云,刘丽娟,尹筑嘉. 股权结构特征与混合所有制企业效率 [J]. 会计与经济研究, 2019 (3): 92-107.

[148] 赵景文,于增彪. 股权制衡与公司经营业绩 [J]. 会计研究, 2005 (12): 59-64.

[149] 郑国坚,林东杰,张飞达. 大股东财务困境、掏空与公司治理的有效性——来自大股东财务数据的证据 [J]. 管理世界, 2013 (5): 157-168.

[150] 朱磊,陈曦,王春燕. 国有企业混合所有制改革对企业创新的影响 [J]. 经济管理, 2019 (11): 72-91.

[151] 朱朝晖. 投资者情绪与上市公司投资决策 [J]. 商业经济与管理, 2009 (6): 60-67.

[152] 朱德胜,周晓珮. 股权制衡、高管持股与企业创新效率 [J]. 南开管理评论, 2016 (3): 136-144.

[153] 朱东平. 论混合所有制的经济合理性 [J]. 经济研究, 1994 (5): 34-39.

[154] 朱武祥,宋勇. 股权结构与企业价值 [J]. 经济研究, 2001 (12): 66-72.

后　记

从初入学校至今，不知不觉我已经在江西财经大学度过了 10 个年头。在这里本科毕业，在这里硕士毕业，如今我也将迎来博士毕业。毫不夸张地说，除去待在家里的时间，我在这里度过了前半生最长的时光。而今，随着博士毕业论文的完成，这段漫长的学习时光即将告一段落，这期间凝结了太多人的辛勤和汗水，有师长的谆谆教诲，也有同学、家人的支持和鼓励，这都是我最珍贵的记忆和财富。

首先，我必须由衷地感谢我的博士生导师张蕊教授。是她在入学之初便帮助我规划好博士期间的学习计划并设立好阶段性目标，督促我不断上进。张老师知识渊博、见解独到，不仅帮助我开拓了学术视野，在平时的学习和生活中也教导我为人处世的道理。老师做事认真负责，对论文的修改精确到每一个字、每一个标点符号，提出的意见和建议都让我深受启发。感谢老师几年来对我耐心的教导与包容，能成为您的学生是我的幸运。

还要感谢我的硕士生导师谢盛文教授。我很庆幸能在初入学术之门时遇到这样一位认真、严格的导师。谢老师以培养博士的态度来严格要求我，指导我阅读和了解国内外的学术前沿，每周 1 次的学术研讨老师几乎都会参加，每个学术问题的争辩和讨论都使我受益良多。谢老师学风严谨，但生活中却幽默风趣，师门之间宛如家人，他高尚的品格和诲人不倦的敬业精神更是指引了我前进的道路，也为我后来攻读博士打下了坚实的基础。

感谢江西财经大学会计学院的各位老师，蒋尧明老师、章卫东老师、刘骏老师、袁业虎老师、荣莉老师、曹玉珊老师、廖义刚老师、周东华老师，感谢他们平时的教导、帮助和支持。老师们用言行丰富着我的价值观，指引着我不断进步。

感谢我的师兄（弟）、师姐（妹），李世刚、唐衍军、肖捷、赖妍、闫焕民、李远燕、王洋洋、廖佳等在我求学道路上提供的帮助和扶持。其中尤为感谢李世刚师兄，不仅和我一起探讨论文的观点、厘清逻辑思路，分享实证经验，还帮我找出论文中的错误，提出修改意见，在忙碌的工作和科研中，抽出时间不厌其烦地为我答疑解惑，让我感受到师门团结和温暖。

  感谢父母对我无条件的支持和默默付出，感谢他们在我成长过程中所给予的关心与呵护，他们是我最坚强的后盾以及前进的动力，也希望我的进步能给他们带来心灵上的慰藉，并在未来能更好地回报他们。

  最后，向在百忙之中审阅本书的老师们表示感谢。受限于研究能力和时间，文中可能存在不少欠妥之处，恳请各位专家学者提出宝贵意见和建议。

  此刻博士生涯的终点意味着人生新阶段即将开启，谨以此书敬献给所有关心、鼓励和帮助过我的人们！

蒋煦涵
2020 年 10 月 9 日